www.ingramcontent.com/pod-product-compliance
Lightning Source LLC
LaVergne TN
LVHW010554070526
838199LV00063BA/4968
9789358725773

خواجہ نصیر الدین طوسی

(سوانح)

مرتبہ:

القلم لائبریری

© Taemeer Publications LLC

Khwaja Nasir al-Din Tusi (Biography)
by: AlQalm Library
Edition: December '2023
Publisher :
Taemeer Publications LLC (Michigan, USA / Hyderabad, India)

ISBN 978-93-5872-577-3

مصنف یاناشر کی پیشگی اجازت کے بغیر اس کتاب کا کوئی بھی حصہ کسی بھی شکل میں بشمول ویب سائٹ پر اَپ لوڈنگ کے لیے استعمال نہ کیا جائے۔ نیز اس کتاب پر کسی بھی قسم کے تنازع کو نمٹانے کا اختیار صرف حیدرآباد (تلنگانہ) کی عدلیہ کو ہو گا۔

© تعمیر پبلی کیشنز

کتاب	:	**خواجہ نصیر الدین طوسی**
مرتبہ	:	**القلم لائبریری**
پروف ریڈنگ / تدوین	:	اعجاز عبید
صنف	:	سوانح
ناشر	:	تعمیر پبلی کیشنز (حیدرآباد، انڈیا)
سالِ اشاعت	:	۲۰۲۳ء
صفحات	:	۱۰۰
سرورق ڈیزائن	:	تعمیر ویب ڈیزائن

فہرست

	پیش لفظ	6
	مقدمہ	10
(۱)	ساتویں صدی ہجری کا ایران	12
(۲)	مولد وولادت خواجہ نصیر الدین طوسی	14
(۳)	زمانہ تحصیل علم واساتذہ	18
(۴)	زمانہ آشوب وبلا آغاز فتنہ	25
(۵)	زمانہ کار وخدمات اسماعیلیوں کے قلعے	32
(۶)	خواجہ نصیر کی اولاد	56
(۷)	اخلاق خواجہ نصیر	59
(۸)	شاگردان خواجہ نصیر	63
(۹)	دانش و آثار خواجہ نصیر	73
(۱۰)	وفات خواجہ	94
(۱۱)	کتاب نامہ	97

پیش لفظ

آج کل جسے تاریخ کا نام دیا جاتا ہے اور جس کے ذریعہ بڑی بڑی ہستیوں کو پہچنوایا جاتا ہے وہ سب حقیقت نہیں بلکہ اس کا ایک حصہ ہے جس میں انسان اور دنیا کی جھلک دکھائی جاتی ہے۔ رسمی تاریخ تعلق انھیں افراد سے ہوتا ہے جن کی فکر و نظر مادیت سے آگے نہیں جاتی اور انہوں نے انسان اور اس کی دنیا کو جغرافیائی حدود میں قید کر رکھا ہے۔ اکثر مغربی تاریخ نویس حقیقت کو آنکھ کے تل کی طرح مانتے ہیں جو خود کو دیکھ نہیں پاتا وہ لوگ حقیقت شناسی کے میدان میں حواس و ہوش کو کام میں لاتے ہیں۔ جب کہ اس کے مصرف ہیں کہ اسے محسوس نہیں کیا جاتا۔

وہ لوگ بہترین تاریخ نویس نہیں ہو سکتے جو تجربہ کو عقل کی بنیاد اور رواں دواں لذت و توسعہ کو انسان کا اعلیٰ مقصد و بشریت کے انجام کا کعبہ جانتے ہیں۔ ایسے لوگ جو "ہستی" کو بے آغاز انجام کتاب اور انسان کو زندگی کے دلدل کا روئیدہ شجر جانتے ہیں وہ حقائق عالم کی تفسیر و تشریح نہیں کر سکتے یہ لوگ ہمیشہ زمانے کی بساط شطرنج پر ظلمت کے لشکریان کو مات دینے والے بنے رہے اور صرف ایسی چیزوں کو ابھارا جس میں گہرائی ہے نہ حس و تواں۔

آج تاریخ کے کتاب خانوں کی الماریاں مادہ پرست مورخین کی نگارشات سے بھری پڑی ہیں جنہوں نے ہزاروں کتابیں، مقالے، تصاویر و قلم و اسناد اپنے جیسے معمولی

افراد کے فضائل و مناقب میں جمع کر کے رکھ دیتے ہیں۔ ان کتاب خانوں میں بہت کم ایسی ہستیاں ملیں گی جنھوں نے وحی کے لئے طور کی سیر کی اور آواز لن ترانی سنی ہو اور خلیل خدا کی طرح عقل کو کوچہ عشق میں قربان کر دیا۔

یہ تاریخ نویس ہمیشہ حالات کو ایک نگاہ سے دیکھنے کے عادی تھے، شاہان ستم گر کے کاسہ لیس اور سطحی نظر رکھنے والے تھے ان کی زیادہ تر روایتیں ساز و سوز و شہرت و شعر و شباب کی ہوتی تھیں اور وہ عقیدہ ایمان و آزادی کے دشمن تھے۔ ان کا مقبول و مطلوب معیار اب بھی زر، و زور و تزویری ہے۔ اور نگ و جنگ و ننگ ان کے تین عناصر ترکیبی ایسے میں شجاعت دائمی کے نگہبانوں کا فرض بنتا ہے کہ وہ مغرب کے معیار و نمونہ پر حملہ کریں اور تفسیر آفتاب لکھیں حدیث و "روایت نور" کو دہرائیں۔

ہاں: اس فریب و مکر کی دنیا میں حدیث اخلاص اور " قلہ ہائے شجاعت ایثار " کی باتیں بھی ہونا چاہیں اور فکر بلند و جہاد" کے ان صدر نشینوں کا تعارف کرانا چاہیے جو غفلت و ذات کے اندھے کنویں میں پڑے ہوئے ہیں۔

لازم ہے کہ آزادی کے ان جھوٹے مجسموں کے مقابلے "تندیس (تصویر، مجسمہ، پیکر، تمثال) ڈھنڈورچی" تو سعہ (وسیع النظری)" کے خالی نقارے کو پیٹ رہے ہیں۔ صدائے بیدارہ اور نعرہ فضیلت کو بلند کرنا چاہیے۔ حوزہ علمیہ کے بیدار اشرف اور قبیلہ ابرار کے بہترین فرزند ان کا فرض ہے کہ وہ حتی الامکان مغرب کی دروغ گوئی و فریبی معیار پیمانے و ترازو کو توڑ پھوڑ ڈالیں ان کے معیار و اقدار کو رسوا کر کے قرآنی و اسلامی تہذیب و آداب سے لوگوں کو آشنا کریں اور کفر و الحاد و ابتذال و استبداد کی ثقافتی جنگ میں سب لوگ ایک صف ہو کر ایمان و توحید و تقویٰ و عدالت کا لشکر ترتیب دیں۔

یونیورسٹی و حوزہ علمیہ و مدراس دینی کے علمائے متعہد کا فریضہ ہے کہ جوانوں اور نئی

نسل کے سامنے اسلام کے اعلی معیار واقدار اور مغرب کی مبتذل تہذیب کا مقابلہ کر کے انھیں اسلام سے رغبت دلائیں تاکہ امت کے امور کی ڈور مغرب کے پروانہ صفت عشاق کے ہاتھوں میں نہ جانے پائے۔

لہٰذا اب یہ ضروری ہو گیا ہے کہ خالص عوامی رفاہ طلب افراد اور زاہدان سیاست مدار کا تعارف کیا جائے اور ان کے مقابل میں مغرب کے ہاتھوں بکے ہوئے "پرچم اران علم و سیاست" و "وزیران دین پرور" کی بات چھیڑی جائے اور مغربی سازش والے سیمناروں کے مقابلے اور اس ڈالر کی حاکمیت والے زمانے میں مدرسہ فیضیہ کے فرزند آزادی و استقلال کا پرچم لے کر کھڑے ہو جائیں اور سرکار مرزا شیرازی کی طرح فتویٰ کی طاقت کو دکھادیں اور سیاسی و ثقافتی سرحدوں کی نگہبانی تنگ درہ کے کماندار جیسی کریں۔

عظیم شخصیتیں حیات بشری کی راتوں کے مہتاب اور انسانی امن و عافیت کے مضبوط قلعے اور پناہ گاہ ہیں اور انسانی قدروں پر بھیڑیوں کا حملہ ہو تو پناہ گاہوں کی طرف بسرعت چل پڑنا چاہیے۔

شخصیتوں کا قعلہ دراصل علم فقہ کے باغبانوں کی داستان ہے وہ فقیہان جاوداں، حکیمان فروتن و فرزانہ جنہوں نے شریعت کی مشعل ہاتھوں میں یوں تھامی کہ سحر کے سفیر اور مصلحان دلاور بن گئے اس لئے تمام فرزندان اسلام پر لازم ہے کہ ستم و جور و فریب و جہل کی تاریکی میں اس قبیلہ نور کو پہچانیں۔ "درفش (پرچم، علم، جھنڈا) ولایت" سے آشنا ہوں اور مغرب کی سیاہ رات میں مشرق و شمال و جنوب کے ستاروں کی مدد سے راستہ ڈھونڈ نکالیں یہ "قلم کی رسالت و منصب، حریت کی حدیث مسلسل نور و نمائش کے حلقہ کی پاسداری ہے لہٰذا خیال رہے کہ دوسرے لوگ ہر گز ہماری دلاوی کی تاریخ لکھیں گے نہ ہماری تہذیب و ثقافت کی تعریف کریں گے ہمیں خود ہی یہ کام کرنا ہو گا۔ ان

ستاروں کی سوانح عمری لکھنا ہمارا فرض ہے کیونکہ ظلمت کے نگہبان و پرستار ہمیشہ نور سے بھاگتے ہیں اور فکر و نظر کے جلاد کبھی بھی عقل و وحی کے طرف داروں کو اچھا نہیں کہیں گے اور سستی و کاہلی کے عاشق کبھی بھی پرواز کے ترانے نہیں سنائیں گے۔

اس کے ساتھ ہم محترم نویسند گان و قارئین کے شکر گزار ہیں عظیم شخصیتوں کی زیارت ان ہی ستاروں کے ذکر پر ختم نہیں ہوتی بلکہ آئندہ دنوں ہم ساٹھ دیگر شخصیات پر نور کی زیارت کریں گے۔ اور ان کی حیات و آثار پڑھ کر فیض حاصل کریں گے۔ توفیق اللہ کی طرف سے ہوتی ہے اور اس سے قبولیت و الطاف بیکراں کی امید ہے۔ آخر میں صاحبان فکر و نظر قارئین سے گزارش ہے کہ اپنے مشورہ قم پوسٹ بکس نمبر ۱۳۵ / ۳۷۱۸۵ کے پتے پر ارسال کر کے ہمارے ساتھ تعاون فرمائیں۔

مقدمہ

اس کتاب میں سر زمین ایران کے عظیم فلسفی و عالم خواجہ نصیر الدین طوسی کی زندگی کا مختصر بیان ہے۔ کون تھے وہ، ساتویں صدی ہجری کے علمائے اجل میں سب سے نمایاں ایسا انسان کہ ان کی وفات کے سات سو سال بعد بھی دنیا ان کے علم پر تکیہ کئے ہوئے ہے جنہوں نے اپنی فکر و نظر کی وسعتوں کو دنیائے اسلام کے لئے سرمہ نگاہ اپنی سیاسی و علم شخصیت کو نمائش دوام کے لئے رکھا دیا ہے۔

خواجہ نصیر ایک ایسا نام ہے جس سے دنیائے علم کی تاریخ آگاہ ہے یہ ہی نہیں بلکہ وہ اس سرزمین ایران کی عالم پروری اور علم کی تلاش و کوشش کی بولتی ہوئی تصویر بھی ہے۔

اس عظیم دانش مند اور فلسفی و ریاضی دان کی زندگی جو بغداد حلہ و نیشاپور و طوس جیسے شہروں میں تحصیل و تالیف و مسائل اجتماعی و سیاسی مشاغل میں گزری وہ حکمت و ریاضی و ہئیت کا نامور ترین استاد تھا اس نے ایسے انکشافات کئے ہیں جہاں کسی کی فکر کی رسائی نہیں ہوئی تھی اور ایسے موضوعات کو منور کیا ہے جو اب تک اچھوتے تھے۔ آپ نے علم کلام میں ایسا ناقوس بجایا کہ اس کی آواز دلربا بھی اہل دانش کے کانوں میں گونج رہی ہے۔

اگرچہ ہم خواجہ نصیر کو ایک عظیم فلسفی، کلامی ماہر فلکیات کے طور پر جانتے ہیں۔ لیکن حق یہ ہے کہ ہنگاموں و حوادث سے بھری ہوئی اور ایک وحشی ترین قوم کے

درمیان گزرنے والی ان کی طویل زندگی کا کما حقہ بیان اب تک ہوا ہی نہیں کیونکہ مستشرقین و مغرب زدہ اہل قلم نے ان کے بارے میں جو کچھ لکھا ہے وہ ان کے زمانے سیاسی و اجتماعی حالات کا لحاظ کئے بغیر ہی لکھا اور اس طرح انہوں نے خواجہ کی شخصیت کو بالکل بدل دیا ہے اور ان کی صحیح تصویر کو جہل و سیاست کے غبار میں چھپا دیا ہے۔ چنانچہ سات سو برس گزرنے کے بعد بھی خواجہ نصیر مظلومیت کے اسیر ہیں کیونکہ جب خود غرض و متعصب افراد سے ان کی علمی حیثیت کا انکار ممکن نہ ہوا تو انہوں نے خواجہ کے سیاسی و اجتماعی چہرے کو داغدار و مجروح کرنے کی کوشش کی اور کم نہیں بلکہ بہت زیادہ۔

ادھر جس بات نے ہمیں قلم اٹھانے پر اکسایا اور اس عظیم دانشمند کی طوفانی دریا جیسی زندگی کو کاغذ کے سینے پر اتارنے کے لئے مجبور کیا اس کی ایک وجہ نئی نسل کی تشنگی دور کرنا و اسلامی معاشرہ کے نمونہ کو پیش کرتا تھا دوسری وجہ مغلوں کی غارت گری۔

جیسا کہ مغربی ثقافت کا حملہ بھی ہے جو ان دنوں بڑی ہی شدت کے ساتھ ہم پر ہو رہا ہے۔ ایسے میں ایمان و جہاد و آزادی کے پیکروں اور بڑے بڑے دانشمندوں کی زندگی و سوانح سے بہتر ان نونہالوں کے لئے کون سا نمونہ عمل ہو سکتا ہے۔

آخر میں مناسب جانتا ہوں کہ پژوہشکدہ باقر العلوم کے ارکان اور کتاب خانہ آیت اللہ نجفی مرعشی و کتابخانہ آیت اللہ حائری کے مامورین کا شکریہ ادا کروں جنہوں نے کتابوں اور مآخذ کی جمع آوری میں حقیر کی مدد کی۔

ولہ الحمد فی الاولی والآخرہ و آخر دعوانا ان الحمد للہ رب العالمین

عبد الوحید وفائی

پائیز (۱۳۷۲ھ ش)

(۱) ساتویں صدی ہجری کا ایران

فصل اول

سر زمین ایران کے لئے ساتویں صدی بہت سخت و پر آشوب رہی ہے یہ خوازم شاہی حکومت کا زمانہ تھا جب کہ مغلوں کا حملہ ہوا اس ملک پر ان کا غلہ و قبضہ ہو گیا البتہ اس سے پیشتر ۱۵۰ سال تک سلجوقی حکومت بہر حال امن و سکون کی ضامن رہی لیکن خوارزم شاہیوں (خوارزم میں حکومت کرنے والوں کا لقب خوارزم شاہ تھا اور خورازم کا علاقہ ماورا النہر اور بحیرہ خوارزم کے شمال میں تھا۔ وہاں کے بزرگوں میں زمخشری ابوریحان بیرونی جمال الدین محمد بن عباس خوارزمی کا نام لیا جا سکتا ہے۔) کی سلطنت اور مغلوں کے حملے سے بدامنی و بے چینی کا دور شروع ہو گیا۔

خوارزم شاہیان نسلاً ترک تھے اور سلجوقیوں کی حکومت کی ایک شاخ جیسے ہے ابتدائی دور میں یہ سلجوقیوں کے تابع و تاج گذار تھے لیکن بعد میں آہستہ آہستہ طاقت ور ہو گئے اور اپنی خود مختار حکومت بنائی۔

سلجوقی سرداروں میں سے بلکاتین ایک شخص انوشتکین نامی غلام کو خرید تا ہے اور انوشتکین اپنی غیر معمولی ذہانت و صلاحیت کے باعث سلجوقی دربار میں معزز ہو جاتا ہے اور اسے ترقی مل جاتی ہے بعد وہ میں بغاوت کا پرچم بلند کر کے خوارزم شاہیوں کی حکومت قائم کر لیتا ہے۔ اس سلسلہ کی بہت سی شاخیں ہیں ان میں اہم ترین لوگ جنہوں نے تاریخ میں حیثیت خاص پیدا کی اور ایک بڑی حکومت بنا سکے ان کی ابتدا انوشتکین سے ہوتی ہے اور خاتمہ محمد خوارزم شاہ پر (خوارزم شاہیوں کی اس جماعت کلی ترتیب اس طرح ہے انوشتکین پہلا حاکم قطب الدین محمد پسر انوشتکین، آیتز فرزند قطب الدین لب

ارسلان، علاء الدین تکش و سلطان محمد خورازم شان فرزند تکش)

سلطان محمد خوارزم شاہ کے غرور کی وجہ سے یہ سلسلہ پائداری و مضبوطی نہیں پیدا کر سکا گو اس نے بہت خون ریزی کی اور متعدد لڑائیاں لڑیں، ماوراء النہر کی سرزمین کو فراختائیوں سے چھینا، غوریوں سے افغانستان اور اتابکان سے اراک، فارس و آذربائیجان لے کر تقریباً پورے ایران کا فرمانروا بن بیٹھا۔

لیکن اس کے عہد میں ملک کے اندر اتحاد و یگانگی برائے نام نہ تھی پھر سلطان محمد کے عباسی خلیفہ سے نامناسب تعلقات، امور ملکی میں سلطان کی والدہ ترکان خاتون اور ترک سرداروں کی مداخلت، ان کی زور زبردستی و انصافی وغیرہ ایسے عوامل تھے جس کی وجہ سے ملک کی حالت ابتر ہو گئی تھی۔ سلطان محمد فتح بغداد کا قصد رکھتا تھا کہ ناگہاں ایران پر مغلوں کے حملے کے خبر آئی جس نے اسے روک دیا اس کتاب کی چوتھی فصل میں ہم مغلوں کے حملے اور اس کے وجوہات کو بیان کریں گے۔

لیکن ان خراب و نامساعد حالات اور اسی ساتویں صدی میں ایک سے ایک عظیم الشان بزرگان دین، دانشمندان، و بڑے بڑے تائفہ جہان افراد کا سرزمین ایران پر ظہور ہوا۔ انہوں نے ایجاد و اختراع کی دنیامیں ایسی زمین دریافت کی جہاں کسی دانش مند کے قدم نہیں پہنچے تھے اور ایسی ایسی ایجادات سے لوگوں کو بہرہ ور کیا جہاں اب تک کسی کی رسائی نہیں ہوئی تھی ان بزرگوں نے تاریخ میں انقلاب رپا کر دیا اس عہد کے دانشوروں میں خواجہ حافظ شیرازی، شیخ مصلح الدین سعید، رشید الدین فضل اللہ (جامع التواریخ والے) خواجہ شمس الدین جوینی، عطا ملک جوینی (مصنف تاریخ جہاں کشا، اور فلسفی، ریاضی داں، منجم، متکلم نامی خواجہ نصیر الدین کا نام لیا جاسکتا ہے۔

(۲) مولد و ولادت خواجہ نصیر الدین طوسی
فصل دوم

مولد و ولادت خواجہ نصیر الدین طوسی

مولد۔ طوس۔ ایک سے ایک نامی گراں علماء دانش مند و بزرگ ہستیوں کی سرزمین ہے جس میں کا ہر ایرانی ادب، ریاضی، تاریخ، علم، تمدن و تہذیب، ثقافت میں اپنی ایک چمکدار تاریخ رکھتا ہے۔

ماضی میں اسی خاک سے تاریخ ساز اور حکمت و فلسفہ و عملی دنیا کے قد آور افراد جیسے "جابر بن حیان" امام محمد غزالی، حکیم ابو القاسم فردوسی خواجہ نظام الدین الملک و خواجہ نصیر الدین طوسی وغیرہ اٹھے ہیں۔

طوس خراسان کے مضافات میں ہے ج س کا اہم شہر مشہد ہے۔ زمانہ قدیم میں طوس کئی شہروں کا مجموعہ تھا جن کے نام نوفان، طابران، رادکان ہیں ان میں اہم شہر طابران (شہر طوس) رہا ہے۔ مگر آج کل طابران جو مشہد سے چار فرسخ کی دوسری پر تھا بالکل مٹ گیا ہے چند شکستہ برجیوں کے کچھ نہیں رہ گیا ہے۔

"نوقان" شہر طابران سے کچھ چھوٹا تھا۔ شیعوں کے آٹھویں امام حضرت علی بن موسیٰ الرضاؑ کی قبر اس شہر سے باہر سناباد گاؤں (موجودہ مشہد) میں ہے۔ جب امام رضا علیہ السلام کے مشہد میں توسی ہوئی تو وہ سناباد گاؤں سے متصل ہو گیا۔ اور مشہد کا ایک محلہ بن گیا سو آج بھی نو قان کا نام محلہ باقی ہے۔ (طوس کی توصیف میں خواجہ نصیر کے ایک

معاصر شاعر نے کہا جو حسب ذیل اشعار ہیں)

جبذ آب و خاک جلگہ طوس
کہ شد آرامگہ فضل و ہنر

معدن و منبع حقیقت و فضل
مرتع و مربع صفا و نظر

آب او چون سپہر مہر نمای
خاک او چون صدف گہر پرور

ہمچو عہ غزالی و نظام الملک
ہمچو فردوسی و ابو جعفر

وندرین روزگار خواجہ نصیر
اعلم عصر مو مقتدای بشر

کز افاضل ز مبداء فطرت
تا باکنون چو او نخواست دیگر

این چنین بقعہ با چنین فضلا
سزدار بر فلک برارد سر

ولادت

تقریباً آٹھ سو سال پہلے "جہرود" قم ایک روحانی و عالم کنبہ آٹھویں امام حضرت علی رضا علیہ السلام کی زیارت کے لئے مشہد کا قصد کرتا ہے اور واپسی کے وقت اسے خاندان

کے بزرگ عالم کی مادر گرامی کی بیماری کے سبب سے شہر طوس کے ایک محلہ میں ٹھہرنا پڑتا ہے تھوڑے دن کے بعد اس عالم روحانی کے اخلاق و سیرت پسندیدہ کو دیکھ کر عوام گرویدہ ہو جاتے ہیں۔ اور اس عالم جلیل القدر سے درخواست کرتے ہیں کہ یہ امامت جماعت مسجد کی اور تدریس مدرسہ علمیہ محلہ حسینیہ طوس کو کرلیں اور یہیں قیام فرما ہو جائیں۔

اس بزرگ روحانی کا نام شیخ وجیہ الدین محمد بن حسن تھا آپ کو بزرگان دین سے اجازہ روایت حاصل تھی اور ایک اہم سبب تھا کہ لوگ ان کی طرف متوجہ ہو گئے۔

شیخ وجیہ الدین کے ایک فرزند تھے جن کا نام صادق تھا اور ایک صاحبزادی تھی جن کا نام صدیقہ تھا مگر انہیں ایک اور اولاد نرینہ کا انتظار تھا کیونکہ شیخ کا دل بہت چاہتا تھا کہ ان کے یہاں ایک ایسا فرزند پیدا ہوا جو مشہور علمی گھرانے معروف بہ "فیروزشاہ جہرودی" کا نام روشن کرے اور اسے باقی رکھے۔ کیونکہ ان کے بڑے بیٹے صادق نے درس و تحصیل علم میں دل چسپی ظاہر نہیں کی چنانچہ یہ انتظار زیادہ طولانی نہیں ہوا تھا کہ ایک رات جب شیخ مسجد سے گھر آئے تو انھیں دوسرے بیٹے کی ولادت کی خوش خبری مل گئی ہوا یہ کہ اس رات شیخ بہت مضطرب تھے کہ خدانخواستہ ان کی اہلیہ کو کوئی آزار و ناگواری درپیش نہ ہو جائے اس لئے انہوں نے دعاو مناجات کے بعد قران کریم سے فال نکالی تو یہ آیت مبارکہ نکلی "محمد رسول اللہ والذین معہ اشداء علی الکفار رحماء بینہم " شیخ وجیہ الدین نے قرآن کریم کی اس آیت کو فال نیک خیال کیا اور مولود جس کے بارے معلوم نہ تھا کہ لڑکی ہے یا لڑکا "محمد "نام رکھ دیا جب کہ خود ان کا نام بھی محمد تھا۔

ابھی آفتاب نے سرزمین ایران کو روشن نہیں کیا کہ شیخ کے گھر کے سورج نے بارش انوار کر دی یعنی روز شنبہ ۱۱ / جمادی الثانی ۵۹۷ھ کو بوقت طلوع آفتاب ساتویں

صدی کی حکمت وریاضی کا منورترین چراغ سرزمین طوس پر جلوہ گر ہو گیا۔ جو اس صدی کے ایرانی دانش مندوں و فلاسفہ و سیاست مداروں میں ممتاز ہوا اور سارے عالم میں اس کی شہرت ہوئی۔

اس کا نام "محمد "کنیت "ابو جعفر "لقب "نصیر الدین" محقق طوسی، استاد البشر تھا اور مشہور خواجہ سے ہوا۔ (ایران میں خواجہ کہتے تھے دانش مند بزرگ، سرور و مالدار کو جیسے خواجہ حافظ شیرازی، خواجہ عبد اللہ انصاری، خواجہ نظام الملک)

مرحوم شیخ عباس قمی "محدث قمی" خواجہ نصیر کے بارے میں کتاب مفاتیح الجنان میں لکھتے ہیں:

"نصیر الملتہ والدین، سلطان الحکماء والمتکلین، فخر الشیعہ و حجتہ الفرخہ الناجیہ استاد البشر والعقل الحادی عشر (تحفہ الاحباب، ص ۴۸۵، محدث قمی)

اکثر مورخین کے مطابق خواجہ نصیر کے اجداد جیسا کہ اشارہ کیا گیا ہے اہل جہرود قم تھے اس طرح خواجہ نصیر کی اصل ارض قم ہے لیکن چونکہ ان کی ولادت طوس میں ہوئی اس لئے طوس کہلائے اور اسی نام سے شہرت حاصل کرلی۔

محدث قمی کے مطابق خواجہ کے مورث اعلیٰ جہرود (وشارہ کے نامے مشہور جگہ) قم کے نزدیک (فوائد الرضویہ، ص ۶۰۳، محدث قمی) کے باشندے تھے۔ جہرود کا فاصلہ قم سے دس فرسخ ہے (۲۵) میل، وہ جگہ بہترین آب و ہوا والی ہے اور وہاں ایک قلعہ بھی موجود ہے جو قلعہ خواجہ نصیر کے نام سے مشہور ہے۔

(۳) زمانہ تحصیل علم و اساتذہ
فصل سوم

طوسی، سوس میں

خواجہ نصیر الدین نے اپنا بچپن و نوجوانی طوس میں گزارا۔ انہوں نے ابتدائی اسباق جیسے پڑھنا، لکھنا، قرات قرآن، عربی و فارسی قواعد معانی و بیان اور کچھ علم منقول جیسے حدیث کو اپنے عالم و روحانی باپ محمد بن حسن طوسی سے حاصل کیا ساتھ ہی اس زمانے میں خواجہ نصیر قرآن خوانی و فارسی شناسی میں اپنے والد سے استفادہ کرتے رہتے تھے۔

اتنا کچھ پڑھانے کے بعد باپ نے بیٹے کو منطق، حکمت، ریاضی و طبیعات کے نامور استاد نور الدین علی بن محمد شیعی کے سپرد کر دیا جو خواجہ نصیر کے ماموں بھی تھے۔ کچھ عرصے تک خواجہ طوسی نے ماموں سے درس اس لئے انہوں نے کہا کہ ان کو نیشاپور جانا چاہیے۔

طوسی نے شہر طوس میں اپنے استاد اور باپ کے ماموں "نصیر لیا لیکن بعد میں انہیں ایسا لگا کہ ان کے علم کی پاس ماموں نہیں بجھا سکتے اس لئے اسی اثنا میں وہ اپنے باپ کے مشہور پر ریاضی کے مستند ماہر محمد حاسب سے متوسل ہوئے جو اس وقت طوس آئے ہوئے تھے۔ جن کے چشمہ علوم و دانش سے ان کی روحی و فکری تشنگی ایک حد تک دور بھی ہوئی لیکن کمال الدین محمد حاسب طوس میں چند ماہ ہی رہے۔ اور چلتے چلتے خواجہ نصیر کے والد سے بولے کے جتنا مجھے معلوم تھا میں نے تمہارے بیٹے کو دے دیا مگر اب وہ ایسے

سوالات کرتا ہے کہ کبھی کبھی میں اس کے جواب سے عاجز ہو جاتا ہوں۔

اب محقق طوسی نے طوس میں رہنے کا خیال ترک کر دیا اور اہل علم کی تلاش میں نکل پڑنے کی سوچنے لگے اسی درمیان ان کے والد کے "نصیر الدین عبد اللہ بن حمزہ" طوس تشریف لائے اور خواجہ نصیر کچھ عرصہ کے لئے ان سے فیض حاصل کرنے کی غرض سے طوس میں ٹھہر گئے۔ لیکن ان کے والد کے ماموں بھی جو علوم حدیث ورجال و درایہ کے ماہر دانشمند تھے خواجہ کی روح تشنگی کو سکون نہ بخش سکے۔

خواجہ نصیر الدین ان نے سے زیادہ نئی باتیں سیکھ لیں۔ لیکن خواجہ نصیر کی بے انتہا ذہانت و استعداد نے والد کے ماموں کو حیران کر دیا اور انہوں نے محسوس کیا کہ خواجہ نصیر کا طوس میں رہنا زیادہ فائدہ مند نہیں ہے " الدین عبد اللہ بن حمزہ" کے ہاتھ سے مقدس روحانی لباس زیب تن کیا اور خواجہ نصیر کو ان کی طرف سے نصیر الدین کا لقب عطا ہوا۔ ان کی اور ان کے والد کی تاکید سے خواجہ کی طوس سے ہجرت کے خیال کو تقویت ملی۔

رحلت پدر

کچھ ہی دنوں پہلے خواجہ نصیر نے خوشی خوشی روحانیت کا مقدس لباس زیب تن کیا تھا اور نصیر الدین کا لقب پایا تھا اس کی یاد ابھی محو نہیں ہوئی تھی اور وہ طوس ہی میں تھے کہ اچانک ان کے پدر نامدار بیمار پڑ گئے اور روز بروز ان کی حالت خراب ہونے لگی۔ اہل خانہ نے جتنی بھی کوشش دوا و علاج میں کی وہ مفید نہ ہوئی اور آخر کار جاڑوں کی ایک سرد رات میں وجیہ الدین نے اپنے عزیز و اقربا کو پاس بلایا اور ہر ایک کو وصیتیں کر کے ہمیشہ کے لئے سب کو خدا حافظ کہا اور خواجہ نصیر کی روح کو غم و اندوہ سے بھر دیا۔ خواجہ نصیر

الدین جو جلد ہی وطن سے ہجرت کے خیال میں تھے اب پہلے سے زیادہ سہارے وامداد کے محتاج ہو گئے لیکن مقدر میں تو یہ تھا کہ ایک طرف باپ کی موت اور دوسری طرف ترک وطن ان کو مضبوط کر کے آئندہ کے سخت حادثات سے مقابلہ کے لئے توانا کر دے۔

انہوں نے خود ان ایام کی یاد میں لکھا ہے:

"میرے باپ جو جہاندیدہ و تجربہ کار تھے انہوں نے مجھے علوم وفنون کی تحصیل اور بزرگان مذاہب کے اقوال و نوشتوں کو سننے و پڑھنے کی ترغیب دلائی یہاں تک کہ افضل الدین کاشی کے شاگردوں میں سے ایک بزرگ کمال الدین محمد حاسب ہمارے شہر میں کچھ دنوں کے لئے آئے جو حکمت و فلسفہ خصوصاً علم ریاضی میں مہارت نامہ رکھتے تھے اگرچہ میرے والد سے ان کی گہری آشنائی نہیں تھی پھر بھی انہوں نے مجھے حکم دیا کہ ان سے استفادہ کرو اور میں ان کی خدمت میں حاضر ہو کر فن ریاضی کی تحصیل میں مشغول ہو گیا۔ پھر وہ حضرت طوس چھوڑ کر چلے گئے اور میرے باپ کی وفات بھی ہو گئی مگر میں نے اپنے باپ کی وصیت کے مطابق مسافرت اختیار کر لی۔ چنانچہ جہاں جہاں کسی فن کے استاد سے ملاقات ہوتی، میں وہیں ٹھہر جاتا اور ان سے استفادہ کرتا تھا مگر چونکہ میرا باطنی رجحان حق و باطل میں تمیز پیدا کرنے کا تھا، اس لئے کلام و حکمت جیسے علوم کی جستجو میں لگ گیا۔"

نیشاپور کو ہجرت

نیشاپور خراسان کے چار بڑے شہروں (مرو، بلخ، ہراشا، نیشاپور) میں سے ایک شہر تھا اور سالہا سال شاہان ظاہریان وغیرہ کا پایہ تخت رہ چکا تھا۔ عرصہ دراز سے علم و دانش کا

مرکز تھا اور اپنے دامن میں بہت سے علمائے ایران کی پرورش کر چکا تھا۔ اگرچہ وہ کئی بار حملہ و ہجوم کا شکار بھی ہوا خصوصاً قبیلہ "غز" جس نے بڑی تباہی مچائی تھی اور شہر کے اکثر مدارس، مساجد، کتاب خانے ویران ہو گئے تھے پھر بھی مغلوں کے حملہ سے قبل تک نیشاپور عملی اہمیت کا حامل تھا مگر اس وحشی نورد قوم کے حملہ سے ویرانہ و کھنڈر میں بدل گیا۔

خواجہ نصیر نے طوس میں مقدمات و مبادیات کی تحصیل کے بعد والد کے ماموں کی نصیحت و باپ کی وصیت پر عمل کرتے ہوئے تکمیل علم کے لئے جب نیشاپور کا سفر اختیار کیا تو اس وقت ان کے والد کی وفات کو ایک سال گزرا تھا اور نیشاپور کا شمار اس عہد کے مشہور اسلام درسگاہوں میں ہوتا تھا اور شہر اس وقت تک مغلوں کی یلغار کا شکار نہیں ہوا تھا۔

محقق طوسی نے نیشاپور میں اپنی مسلسل کوشش و محنت جاری رکھی اور والد کے ماموں کی نصیحت کے مطابق مدرسہ سراجیہ نیشاپور میں قیام کیا اور پھر "سراج الدین قمری" کی تلاش میں لگ گئے۔

امام سراج الدین ایک مرد فاضل و دیندار تھے۔ انہوں نے نہایت صبر و وقار و احترام کے ساتھ خواجہ نصیر کی احوال پرسی کی، باپ کی وفات پر تعزیت ادا کی اور خواجہ کا تعارف مدرسہ سراجیہ کے متولی مرزا کاظم سے کرایا تاکہ وہ انھیں مدرسہ میں ایک کمرہ رہنے کے لئے دے دیں۔

خواجہ نصیر کے لئے یہ مدرسہ سطح بالا کے کالج جیسا تھا ان کے کمرہ کے ساتھی مدرسہ کے ایک فاضل شمس الدین عبدالحمید ابن عیسیٰ خسرو شاہی تھے جو تبریز سے نیشاپور تحصیل علم کی غرض سے آئے تھے۔

اس مدرسہ میں امام سراج الدین کا علمی پایہ سب سے بلند تھا ان کا شمار افضل ترین

استادوں میں ہوتا تھا۔ وہ فقہ و حدیث و رجال کا درس خارج دیتے تھے۔ انہوں نے جب نصیر الدین کے فوق العادہ وغیرہ معمولی ذہن واستعداد کو ملاحظہ کیا تو ان کو اپنے درس میں شرکت کی اجازت دے دی اور خواجہ نصیر تقریباً ایک سال تک امام سراج الدین کے درس میں شریک رہے۔

اس مدرسہ میں ایک اور بزرگ استاد تھے جنہوں نے امام فخر الدین رازی سے درس لیا تھا اور فلسفہ میں تبحر خاص رکھتے تھے وہ چار واسطوں سے ابن سینا کے شاگرد قرار پائے تھے ان کا نام فرید الدین داماد نیشاپوری تھا ان کا شمار اس عہد کے بزرگ ترین استادوں میں ہوتا تھا وہ مدرسہ نظامیہ میں درس دیتے تھے خواجہ نصیر کو موقع مل گیا کہ وہ ان سے "اشارات ابن سینا" کا درس لیں۔ مرقوم ہے کہ فرید الدین سرخسی کے شاگرد تھے جو افضل الدین غیلانی کے اور وہ ابو العباس لوکری کے اور وہ بو علی سینا کے مشہور شاگرد تھے۔ (روضات الجنات، ج ۶، ص ۵۸۳ (خوارن ری) قصص العلماء، ص ۳۸۱ (مرزا محمد تنکابنی) مجالس المومنین، ج ۲، ص ۲۰۳ (قاضی نور اللہ شوشتری)

پس جائز و شائستہ یہی ہے کہ ہم خواجہ نصیر الدین طوسی کو بو علی سینا کے شاگردوں میں شمار کریں۔

استاد و شاگرد میں مذاکرہ و مباحثہ کا سلسلہ بڑھا تو فرید الدین نیشاپوری نے نصیر الدین طوسی کی استعداد علمی و خواہش کسب علم کو دیکھتے ہوئے ان کو ایک دوسرے دانش مند قطب الدین مصری شافعی سے ملایا جو فخر الدین رازی کے شاگرد تھے نہیں بلکہ علم طب کی مشہور کتاب "قانون ابن سینا" کے بہترین شارحین میں سے تھے۔

خواجہ نصیر نے جو ابن سینا کی "اشارت" فرید الدین سے پڑھ رہے تھے قطب الدین سے قانون ابن سینا کا درس لینا شروع کر دیا۔ الغرض یہ ایرانی عالم دریا کی طرح

حرکت وروانی وزندگی سے لبریز تھا اور اسے ایک لمحہ بھی قرار نہ تھا اور جہاں بھی کسی علم و فن کا استاد اسے مل جاتا وہیں اس سے علم حاصل کرنے میں لگ جاتا۔ طوسی کو نیشاپور میں سب کچھ ملا مگر عرفان و سلوک کی لطافتوں سے بے بہرہ رہے اس لئے وہ اس زمانے کے مشہور عارف شیخ عطار (متوفی ۶۲۷ھ) کی خدمت میں پہنچے اور ان سے استفادہ کیا۔

طوسی شہر رے میں

نیشاپور کے علماء دانش مندوں سے علوم فنون کے حصول کے بعد طوسی زیادہ دن وہاں نہیں رہے۔ انہوں نے سطح بالاتر کے دورہ کو چھوڑ کر شہروں شہروں ملکوں ملکوں پھرنا شروع کر دیا جس کا مقصد نئی بات کا حصول واس عہدے کے علماء و دانش مندان کا دیدار تھا تاکہ قابل استفادہ شخصیت سے کچھ حاصل کر لیا جائے اس لئے وہ چند مہینے رے میں مقیم رہے اور اس عرصے میں وہ عظیم دانش مند برہان الدین محمد بن محمد بن علی الحمدانی قزوینی سے آشنا ہوئے جنہوں نے رے میں سکونت اختیار کر رکھی تھی۔

طوسی قم میں

محقق طوسی شہر رے سے اصفہان جانا چاہتا تھے اثنائے راہ میں وہ ایک عالم مثیم بن علی بن مثیم بحرانی سے ملے تو انہوں نے خواجہ نصیر کو قم چلنے اور خواجہ ابو السعادت اسعدی بن عبد القادر بن اسعد اصفہانی کے درس سے استفادہ کا مشورہ دیا۔

مصنف کتاب "فلاسفہ شیعہ" نے قم کو ان شہروں میں شمار کیا ہے۔ جہاں خواجہ نصیر نے تعلیم حاصل کی اور خواجہ نصیر کی معین الدین سے شاگردی کے تعلق سے لکھا ہے:

شاید قم میں خواجہ نے معین الدین بن سالم بن بدران مازنی مصری امامی سے بھی

استفادہ کیا ہو۔(فلاسفہ شیعہ ، ص ۲۸۲ از شیخ عبد اللہ نعمہ (ترجمہ جعفر غضبان)

طوسی اصفہان میں

نصیر الدین نے قم کے بعد اصفہان کا سفر کیا مگر جب وہاں کسی استاد کو نہ پایا جس سے استفادہ کیا جائے تو سفر عراق کا ارادہ کر لیا۔

طوسی عراق میں

خواجہ نصیر نے عراق میں "علم فقہ" ابن ادریس حلی و ابن زہرہ حلی کے شاگرد معین الدین بن سلم بن بدران مصری مازنی سے حاصل کیا اور ۲۱۹ھ میں معین الدین سے اجازہ روایت لینے میں کامیاب ہو گئے۔

محقق طوسی نے عراق میں فقہ علامہ حلی سے سیکھی اور علامہ نے بھی حکمت کی تحصیل خواجہ نصیر سے کی حوزہ میں یہ روایت و طریقہ اب تک باقی ہے اور استاد و شاگرد ایک دوسرے سی معلومات علمی کا حصول کرتے رہتے ہیں اور نہایت انکساری و تواضع کے ساتھ کسب علم کا عمل جاری رہتا ہے۔

اس کے بعد نصیر الدین موصل میں کمال الدین موصلی کی خدمت میں باریاب ہوئے اور ان سے علم نجوم و ریاضی کا حصول کیا۔ اس طرح خواجہ نصیر نے حصول علم کے دوران خود کو فراموش کر دیا اور وطن و خانوادہ سے مدتوں دور رہنے کے بعد ہی خراسان واپسی کا قصد کیا۔

(۴) زمانہ آشوب وبلا آغاز فتنہ

فصل چہارم

جس زمانے میں خواجہ نصیر عراق میں مشغول تحصیل علم تھے قوم مغل کے حملہ کی پراگندہ وناگوار خبریں ایران سے ان تک پہنچتی رہتی تھیں۔

مغل قوم صحرا نشینوں اور بیاباں گرد قوموں سے بنی تھی۔ جن کی زندگی مویشی پالنے اور شکار کرنے میں گزرتی تھی زیادہ تر خشک بیابانوں میں رہتے تھے اور ابتداء میں شمالی چین کے فرمانرواو باج گزار تھے۔

یہاں تک کہ ان میں سے ایک شخص یسوگای نامی جو چنگیز خان کا باپ اور قبیلہ قیات کا سردار تھا اٹھ کھڑا ہوا اس نے غلامی کا لباس نکال پھینکا اور مغلوں کے للت سے قبائل کو اپنا مطیع کر لیا۔

یسوگای کی موت کے بعد اس کا بڑا بیٹا "تموچین" (بمعنی مرد آہنی) جو بعد میں چنگیز خان کے نام سے مشہور ہوا۔ اس کا جانشین بنا اور تمام قبائل کو اپنی ماتحتی میں لے لیا اور بعد میں قبیلہ "کبرائیت" جو عیسائی تھا اس پر بھی غلبہ حاصل کر لیا۔ چنگیز خاں جو گمنامی کے غار سے بر آمد ہوا تھا جنوب و مشرق پھر مغرب کی طرف موج عظیم بن کر نازل ہوا ابتدا میں اس نے شمالی مغربی چین پر حملہ کیا اور بعد میں "کین" شاہی پھر دریائے زرد کے ساحل اور پیکن کو فتح کیا اس کے بعد لشکر جرار لے کر مغرب کی طرف چل پڑا۔

اس تعلق سے کتاب چنگیز خاں چہرہ خون ریز تاریخ کا مصنف لکھتا ہے۔

مغلوں کا حملہ تاریخ کی عظیم بلا تھی جو وسط اشیاء کے بڑے حصے سے نازل ہوئی اس کے سبب سے نہ صرف یہ کہ ہزاروں بے گناہوں انسانوں کی ہولناک موت اور شہروں و دیہاتوں کی غارت گری و تاریخی و علمی و ثقافتی نشانیوں کی نابودی ہوئی بلکہ وہ دنیا کے اس خطہ میں اہم سیاسی جغرافیائی و سماجی و تمدنی تغیرات کا وسیلہ بن گئی اور اس کا اثر صدیوں تک باقی رہا۔ نہ محض ان تگ و تاز والے خطوں میں بلکہ دنیا کے ہر حصے میں اب بھی یہ تاریخ حیرت اپنا وجود رکھتی ہے کہ کیسے ایک بے نام و نشان قوم چین کے بلند مقامات کی طرف سے معمولی سازوں ان کے ساتھ نشیب و فراز کو طے کرتی ہوئی چلی اور ترقی یافتہ و متمدن و منظم ممالک و تہس نہس کر کے رکھ دیا اور سب کو شکست دے کر ایک وسیع و قوی ترین حکومت کی مالک ہوگئی۔

اس صحرانورد قوم کے اندر کون سے عناصر تھے جس نے چنگیز جیسے افراد پیدا کیا اور انھیں تمام فوجی و سیاسی و جسمانی برتری بخش دی جن کی قوت ناقابل تصور تھی ایسے سنگدل سرداروں کو پال پوس کر دنیا کی اقوام کی جان کے پیچھے لگا دیا یہ عقدہ تاریخ آج تک حل نہیں ہو سکا۔ (چنگیز خاں چہرہ خوں ریز تاریخ، ص ۱۵،۱۶، محمد احمد پناہی)

مغلوں نے ایران پر کیوں حملہ کیا

جس وقت مغلوں نے چین و وسطی ایشا پر قبضہ کر لیا تو وہ خوارزم شاہیوں کے ہمسایہ ہو گئے۔ انہوں نے باہم اقتصادی و تجارتی روابط قائم کرنے کے لئے مغل تجار کو ماوراء النہر ابھیجا لیکن ایران کی سرحد میں داخل ہوتے ہی ان پر حملہ ہو گیا اور اس طرح یہ واقعہ مغلوں کے لئے ایران پر حملہ کا بہانہ بن گیا۔ شروع میں چنگیز خاں ایران پر قبضہ کرنا نہیں چاہتا تھا۔ لیکن سلطان محمد خوارزم شاہ کا غیر عاقلانہ رویہ اور سیاست سے ناواقفیت

اس کی موجب بنی اور جو نہ ہونا چاہیے تھا ہو گیا۔

اس قصہ کی تفصیل یہ ہے کہ سلطان محمد خوارزم شاہ اور چنگیز خاں کے درمیان تجارت کا معاہدہ ہو چکا تھا اور قرارداد پر فریقین نے دستخط بھی کر دئے تھے۔ اس کے بعد تقریباً پانچ سو مغل تجار نے ماوراء النہر کے ارادہ سے سفر کا آغاز کیا اور اپنے ساتھ گراں قیمت اشیا جیسے سونا، چاندی، ریشم، قیمتی کپڑے لئے ہوئے "اترار" پہنچے جو خوارزم شاہی سلطنت کا پہلا شہر تھا۔ یہاں پر اترار کے حاکم غائر خاں کو (جو مادر خوارزم شاہ "ترکان خاتون" کا رشتہ دار) لالچ نے آگھیرا۔ وہ خوارزم شاہ کے پاس پہونچا اور ان تاجروں کو مغلوں کا جاسوس بتایا۔ خوارزم شاہ نے غایر خاں کے قول پر اعتماد کرتے ہوئے کہا کہ مغل تاجروں کی نگرانی کرتے رہو۔ غایر خاں نے تمام مغلو تاجروں کو بجز ایک نفر کے (جو حمام میں تھا اور بعد میں فرار ہو کر وطن پہنچا) قتل کروا کر ان کے اموال کو اپنے قبضہ میں کر لیا۔

فراری تاجر چنگیز کے پاس پہنچا اور جو کچھ گذار تھا بیان کیا۔ چنگیز خاں نے تجار کے قتل سے آگاہ ہونے کے بعد ایک آدمی کو جو کبھی سلطان تکش خوارزم شاہ کی خدمت میں رہ چکا تھا دو دیگر تاتاریوں کو سلطان محمد کے پاس بھیجا اور اس فعل پر اعتراض کرتے ہوئے غایر خاں کو حوالہ کرنے کی کوشش ظاہر کی لیکن سلطان محمد نے اسے قبول نہیں کیا (کیونکہ اس کے زیادہ تر درباری و امراء لشکر غایر خاں کے قبیلے سے تھے) یہی نہیں بلکہ اس نے چنگیز خاں کے فرستادگان کو قتل کر دیا اور اسی طرح وہ مغلوں کے سیلاب کو ایران اور تمام مشرق اسلامی ممالک کی طرف کھینچ لایا۔

یہ حملہ ۶۱۶ھ سے شروع ہوا اور سوائے جنوبی حصے کے ایران کے بیشتر شہر مغلوں کے تصرف میں آ گئے۔

مغلوں کے جرائم کی ایک جھلک

ایران کی تاریخ کے بدترین ادوار میں سے ایک اس سرزمین پر مغلوں کا حملہ و یورش تھی جو ویرانی و تباہی کا سیلاب بن گئی اور اپنے دامن میں بجز ادہان و جادو پرستی و خرافات کے اور کچھ نہیں رکھتی تھی۔

انہوں نے بعض مقامات پر حیوانات کو بھی نہیں چھوڑا ان پر بھی رحم نہیں کیا۔ اترار، بخارا، سمرقند، مرو، نیشاپور، بغداد وہ شہر تھے جہاں پر مغلوں نے اپنے جرائم کی تاریخ مرتب کر دی ہے۔

مورخین لکھتے ہیں:

چنگیز خاں کا بیٹا تولوی ایران کے لئے مامور کیا گیا اس کے لشکر کے سردار کا نام "تغاجار نویان" تھا جو چنگیز کا داماد بھی تھا اس نے ماہ رمضان ۶۱۷ھ میں نیشاپور کا محاصرہ کر لیا۔ تیسرے دن محاصرہ شدگان میں سے کسی کے تیر سے ہلاک ہو گیا پھر کیا تھا بالآخر دہم صفر ۶۱۸ھ کو مغلوں نے نیشاپور پر دوبارہ دھاوا بولا اور قتل عام کر کے سب کو مار ڈالا۔ چنگیز خاں کی بیٹی (تغاجار نویان کی بیوی) بھی نیشاپور میں آگئی اور اس کے حکم سے بچے کھچے افراد بھی قتل کر دئے گئے اس نے حکم دیا کہ شہر کو ایسا تباہ کرو کہ یہاں کھیتی باڑی کی جا سکے۔ یہاں تک کہ بلی، کتے بھی زندہ نہ رہ سکیں۔ نیشاپور کو سات دن تک شبانہ روز پانی میں ڈبائے رہے اس کے بعد پوری بستی میں جو بو دیا گیا۔ (تاریخ مغول، ص ۵۶، عباس اقبال آشتیانی)

ایک شخص بخارا سے اس واقعہ کے بعد فرار کر کے خراسان آیا۔ جب اس سے بخارا کا حال پوچھا گیا تو بولا:

"آئے و کھود ڈالا و جلا دیا، مار ڈالا اور لے دے کر چلے گئے۔" (جہاں کشائی

جوینی، ج ا، ص ۸۲۔۸۰ نقل از تاریخ مغول، ص ۳۰، عباس اقبال آشتیانی)

ان مغلوں کے طور طریقہ، رسوم و آداب کی تصویر یہ ہے کہ چنگیز خاں کی موت کے دو سال بعد ایک جشن شاہزادگی برپا کیا گیا جشن کے خاتمہ پر مغلوں کے تمام سردار و فرزندان و اشراف چنگیز خاں کی قبر پر پہنچ گئے ان کے ہمراہ چالیس کم عمر وحسین کنیزیں جو لباس ہائے فاخرہ و قیمتی زیورات سے مزین تھیں۔ کنیزوں کے علاوہ انھوں نے اپنے ساتھ چالیس گھوڑے میں اور ان سب کو اپنے متوفی خاقان کے احترام میں قربان کر دیا۔ (جہاں کشای جوینی، تاریخ مغول، نوشتہ عباس اقبال نقل از کتاب چنگیز خاں چہرہ خون ریز تاریخ، ص ۱۸۸، محمد احمد پناہی)

وطن کو واپسی

جس وقت سر زمین ایران پر مغلوں کا ٹڈی دل قتل و غارت مچائے ہوئے تھے اور ہر روز ایک نئے شہر نئی بستی پر ٹوٹ پڑتا تھا خواجہ نصیر الدین عراق میں اپنی تعلیم مکمل کرنے میں مشغول تھے اگرچہ مغلوں کے حملے کا حال ان کو ملتا رہتا تھا۔ بعض ایرانی عراق پہونچ کر مغلوں کی خوانخواری و بے رحمی کا چشم دید حال نصیر الدین سے کہتے اور اس کی تفصیل سے آگا کرتے ظاہر ہے کہ ایسے حالات کو سن کر ہر مسلمان کا دل تڑپ جاتا تھا۔ چنانچہ اس عظیم دانش مند کا بھی یہی حال ہوا وہ بے حد مضطرب ہو گئے۔ اور وطن واپسی کا پختہ ارادہ کر لیا انھیں یہ برداشت نہ ہوا کہ وہ تو آرام سے رہیں اوران کے ہم وطن وخاندان والے پر آشوب و بحرانی حالات میں زندگی بسر کریں۔ نیز عراق میں ان کی علم و دانش سے فائدہ اٹھانے والے بہت کم نظر آتے تھے۔

وطن کی واپسی میں طوسی نے درمیان راہ کئی شہروں کا سفر کیا اور دوستوں سے

ملاقات کرتے ہوئے نیشاپور پہنچے (نیشاپور اس وقت مغلوں کی گرفت میں تھا مگر ابھی بالکل ویران نہیں ہوا تھا) یہاں پہنچ کر طوسی کو اپنا زمانہ طالب علمی یاد آیا۔ مدرسہ سراجیہ اور مدرسہ کے وسط میں حوض اور دوستوں کے کمرے وغیرہ یکبارگی تمام یادیں ابھر آئیں اور وہ گھبرا گئے کہ آہ کیا یہ وہی مدرسہ ہے؟ یہیں پر نیشاپور تھا اگر تھا تو کیوں خاموش و مبہوت ہے وہ شہر میں کوئی نہیں سوائے جلے ہوئے درختوں اور نیم ویران مکانوں کے طوسی نیشاپور سے طوس (جائے پیدائش) کی طرف چل پڑے طوس کے جس مکان میں وہ پیدا ہوئے تھے اس کا دروازہ کھٹکھٹاتے ہیں اور بچپن کی یاد انھیں گھیر لیتی ہیں۔ گلیوں میں پھرنا، محلہ کے بچوں کے ساتھ کھیلنا کودنا سب کچھ یاد آجاتا ہے۔ وہ زمانہ جب کہ طوس میں اپنی روحانی و عالم باپ کے ساتھ تھے اور تحصیل علم کا آغاز کیا تھا اسی طرح کی ہزاروں فکریں و خیال ان کے ذہن میں آتے جاتے ہیں۔

مگر یہ کیا۔ گھر میں کوئی نہیں جو دروازہ کھولے کیا پورا کنبہ مغلوں کے حملہ کا شکار ہو گیا یا شہر چھوڑ کر سب کہیں چلے گئے۔ طوسی کو یہی خیالات ستا رہے تھے کہ ان کا قدیم بزرگ ہمسایہ مرد بزرگ و پیر ملتا ہے اور اصل کیفیت سے مطلع کرتا ہے۔ طوسی اپنے کنبہ سے ملاقات کے لئے شہر قائن پہنچتے ہیں اور وہاں اپنی ماں و بہن کو موجود پاتے ہیں ایک مدت قائن میں بسر کرتے ہیں اور اہل شہر کے اصرار پر امام جماعت مسجد ہو کر لوگوں کو مسائل دینی سے آگاہ کرتے ہیں اور قوم مغل کے احوال کو معلوم کرنے کی جستجو و کوشش کرتے رہے۔

قائن میں شادی

نصیر الدین جو اب ایک دانش مند کامل اور مستند عالم و اہل فضل ہیں قائن کے عوام

میں خاص احترام کر چکے ہیں ان کی سیرت و کردار ور فتار لوگوں کے لئے نمونہ عمل بن گئی ہے۔ تنہا زندگی بسر کرنے میں دشواری محسوس کرتے ہیں اور فخر الدین نقاش کے مشورہ و تشویق (جو ایک علم دوست وعلماء سے محبت رکھنے والے بزرگ تھے اور اس زمانے میں خواجہ نصیر کی ماں و بہن فخر الدین کی بیٹی ہی کے مکان میں رہتی تھیں) اور ماں کی رضا مندی سے ۶۲۸ ہجری میں فخر الدین نقاش کی بیٹی "نرگس خانم" کو اپنا شریک حیات بنا لیتے ہیں۔

(۵) زمانہ کار و خدمات اسماعیلیوں کے قلعے

فصل پنجم

آج سے ۳۳۵سال پہلے حسن بن صباح نے مذہب اسماعیلیہ کی ایران میں بنیاد رکھی (یہ فرقہ شیعوں میں سے نکلا تھا جو امامت حضرت علی علیہ السلام سے امام جعفر صادق علیہ السلام کے بعد ان کے فرزند "اسماعیل" کو ان کا جانشین مانتا تھا۔

لیکن اس فرقہ کی کارکردگی ایران میں صباح کے ہاتھوں شروع ہوئی جو ابتداء میں بظاہر مذہب اسماعیلیہ پر نہیں تھا مگر بعد میں سیاسی اسباب و مسائل کے باعث اس نے اس فرقہ کو اپنالیا۔

ایک ہی مدرسہ کے تین دوستوں اور ساتھیوں کی حکایت مشہور ہے اور وہ تین یار تھے عمر خیام، خواجہ نظام الملک و حسن بن صباح یہ تینوں نیشاپور کی طالب علمی کے زمانے میں باہم دوست تھے اور اسی وقت عہد کر لیا تھا کہ جو بھی بلند مقام و عہدہ پر پہنچے وہ دوسروں کی مدد کرے اور ان کا خیال رکھے۔ ان تینوں میں پہلے خواجہ نظام الملک سلجوقیوں کا وزیر بنا۔

اس نے عمر خیام کو نیشاپور کا حاکم بنانے کا ارادہ ظاہر کیا۔ لیکن خیام نے یہ عہدہ قبول نہ کیا۔ بلکہ دنیاداری سے بے اعتنائی ظاہر کی حسن بن صباح کو رے یا اصفہان کی گورنری پیش کی تو اس نے انکار کیا مگر اس کا سبب بے اعتنائی دنیا نہیں بلکہ لمبی امیدیں اور اونے مقام و مرتبہ کی خواہش تھی وہ چاہتا تھا کہ وزارت میں خواجہ نظام الملک کا شریک ہو اور

تھوڑے عرصے تک اس منصب پر رہا بھی مگر بعد میں زیادہ کی ہوس نے اس میں انتقام جوئی کا جذبہ پیدا کر دیا اور وہ اپنے دوست (خواجہ نظام الملک) سے انتقام لینے کی فکر میں پڑ گیا اس مقصد کے لئے اس نے مصر کے فاطمین سے مدد طلب کی جو اسماعیلی مذہب رکھتے تھے اور سلجوقیان جو سنی مذہب تھے ان سے جنگ کے لئے قلعہ الموت کو اپنا اڈہ و ٹھکانہ بنا لیا۔

قلعہ الموت کا فاصلہ قزوین سے تقریباً چھ فرسخ ہے اس کی حیثیت اسماعیلیہ کے پایہ تخت کی تھی اور لگ بھگ اس علاقہ میں پچاس مستحکم تھے جن پر اسماعیلیوں کے قبضہ و تصرف حاصل کر لیا تھا جس میں مشہور ترین " قلعہ الموت " "میمونہ دژ" و "لنبہ سر" تھے۔

مرقوم ہے کہ الموت کے علاوہ اسماعیلیان ولایت قومس (سمنان و دامغان) و قہستان (جنوب خراسان جو قائن، فردوس و طبس و سجستان پر مشتمل ہے۔) میں بھی متعدد مضبوط قلعے رکھتے تھے جن کی مجوعی تعداد ایک سو پچاس تک تھی اور ایک ایک آدمی اس قلعہ کے انتظام کے لئے مقرر تھا جسے محتشم بھی کہتے ہیں اور ان محتشموں کے لئے پابندی تھی کہ حکومت کی مدت میں بیوی نہیں رکھ سکتے تھے۔(کتاب تاریخ مغول، ص ۴۔ ۱۲، عباس اقبال)۔

یہ قلعے ان اسماعیلی جنگجویون کے لئے جائے امن وپناہ تھے جن پر حکومت سلجوقیان دیگر حکومتوں کا بس نہیں چلا اور کوئی ان کو کچل نہیں سکا یہاں تک کہ مغلوں کے بھی کئی حملے اور یورشیں با اثر ثابت نہیں ہوئیں آخر ۶۵۴ ہجری میں ہلاکو خاں مغل عزمان خورشاہ اور ہلاکو خاں کے ہاتھوں میں قلعہ کی فتح (۶۵۴ھ) تک اسماعیلیوں نے وہاں (۱۷۱سال) اپنی سرگرمیاں جاری رکھیں۔ (اس ۱۷۱ سال کی مدت میں اسماعیلیوں کے ساتھ

بادشاہوں نے حکومت کی جن کے نام یوں ہیں حسن بن صباح، کیابزرگ امید، اس کا بیٹا محمد، اس کا محمد کا بیٹا محمد دوم، محمد جلال الدین علاء الدین محمد سوم، رکن الدین خور شاہ،(لٹ نامہ وہنجدا)

طوسی قلعہ قہستان میں

خواجہ نصیر کے چند ماہ تک قائن رہنے اور شادی کے بعد قہستان کے "محتشم" ناصر الدین عبدالرحیم بن ابی منصور (جو مرد فاضل و کریم، فلسفہ دوست اور فلسفہ کی عربی کتابوں کا فارسی میں ترجمہ چاہتا تھا) نے انھیں بلا بھیجا ان کی بیوی راضی ہو گئیں اور دونوں نے اسماعیلیوں کے قلعے کی راہ لی۔ اس زمانے میں ایک کے بعد دوسرے شہر مغلوں کے حملے سے سقوط کر رہے تھے تو بہترین و محکم ترین جگہ اسماعیلیوں کے قلعے ہی تھے کیونکہ مغلوں سے مقابلہ اسماعیلیوں اور ان کی مضبوط قلعوں ہی سے ممکن تھا دوسرا کوئی انس کی طاقت نہیں رکھتا تھا۔

خواجہ نصیر جس زمانے میں قلعہ قہستان میں رہتے تھے بڑے احترام کی زندگی بسر کرتے تھے اور وہ شہر قائن میں آمد و رفت کے لئے آزاد تھے۔ اسی زمانہ میں انہوں نے اپنے میزبان (ناصر الدین) کی فرمائش پر "طہارۃ الاعراق" ابن مسکوریہ کو عربی سے فارسی میں ترجمہ کر کے میزبان کے نام پر اسے "اخلاق ناصری" سے موسوم کیا۔

اور اس کے بیٹے معین الدین بن ناصر الدین کے لئے علم ہئیت کا "رسالہ معینیہ" لکھا اور اس رسالہ کا نام اس کے نام پر رکھا۔

سیاست میں داخلہ

اول تو نصیر الدین کا مذہب اسماعیلیوں سے میل نہیں رکھتا تھا دوسرے یہ کہ اسماعیلیہ عام لوگوں پر جو ظلم و ستم ڈھاتے تھے اس نے ان کو اسماعیلیہ سے دل برداشتہ کیا تھا۔ اس لئے انہوں نے بہتر جانا کہ بغداد کے عباسی خلیفہ سے مدد طلب کر لیں لہٰذا انہوں نے خلیفہ کی مدح میں ایک قصیدہ لکھا اور اسے ایک شخص کے توسط سے بغداد بھیج دیا عباسی خلیفہ کا وزیر "ابن علمقی" جس نے خواجہ نصیر کے فضل و کمال کا شہرہ سن رکھا تھا اس واقعہ سے خوفزدہ ہو گیا اور سوچنے لگا کہ ہو سکتا ہے کہ خواجہ نصیر کی دانش و علم سے خلیفہ متاثر ہو جائے اور میرا مرتبہ و منزلت کم ہو جائے اس لئے اس نے اسماعیلی بادشاہ کے وزیر (ناصر الدین محتشم قہستانی) کو مخفیانہ طور پر ایک خط لکھ کر تمام ماجرا کہہ سنایا۔ ناصر الدین محتشم کو جیسے ہی یہ خبر ملی، اس نے خواجہ نصیر الدین طوسی کو جو اس وقت نیشاپور میں تھے گرفتار کرا کے اپنے پاس بلوا لیا۔ خواجہ نصیر جو اب تک اسماعیلیہ قلعوں میں عزت و احترام کے ساتھ آزادانہ آمد و رفت کرتے تھے اب ایک قیدی کی صورت میں نظر بند کی حیثیت سے زندگی گزارنے پر مجبور ہو گئے۔

طوسی، قلعہ الموت، میمون دژ میں

خواجہ نصیر اپنے پہلے سیاسی اقدام میں شکست کھا گئے اور اگر ان کی عقل مندی و ہوش مندی نہ ہوتی تو ان کی جان چلی جاتی۔ انھیں قزوین کے قلعہ میں "علاء الدین محمد" کے پاس لے گئے اور اس کے حکم سے خواجہ نصیر کو وہیں پر رہنا پڑا اس زمانے میں تمام اسماعیلی قلعوں کا حاکم علاء الدین محمد تھا۔ لیکن وہ ظلم و تعدی قتل عام، بے انتہا شراب خوری، مالیخولیا کے مرض اور حکومت اسماعیل کو کمزور کرنے کے الزام کی وجہ سے انجام کار اپنے بیٹے خور شاہ کی مرضی سے اپنے ہی ایک طرفدار (حسن مازندرانی) کے ہاتھوں

قتل کر دیا گیا۔ اس کا بیٹا اس کا جانشین بن کر تخت نشین ہوا۔ اس نے خواجہ نصیر کے علم و فضل کی تعریف سن رکھی تھی لہٰذا اس نے انھیں اپنے پاس میمون دژ بلالیا۔

خواجہ نصیر نے تقریباً ۲۶ سال اسماعیلیہ قلعوں میں گزارے اور یہ پوری مدت انہوں نے متعدد کتابوں کی تالیف و تحریر میں صرف کی جن میں شرح اشارات ابن سینا، اخلاق ناصری، رسالہ معینیہ، مطلوب المومنین، روضۃ القلوب، رسالہ تولا و تبرا، تحریر مجسطی، تحریر اقلیدس روضۃ التسلیم، خصوصیت سے لائق ذکر ہیں۔ اس عرصہ میں انہوں نے اسماعیل کے کتاب خانہ سے استفادہ کیا اور اپنی بے پناہ فکری قوت و علم و دانش و کمال کے باعث مشہور و بلند مرتبہ قرار پائے۔

بعض مورخین کا خیال ہے کہ محقق طوسی اپنی مرضی سے اسماعیلیوں کے پاس نہیں گئے تھے انہوں نے کتاب شرح اشارات کے آخری میں اس طرح اشارہ کیا ہے اور اپنی ناگواری و مجبوری کے بارے میں لکھا ہے کہ:

"میں اس کتاب کا بیشتر حصہ ایسے برے حالات میں لکھا ہے جس سے بدتر و سخت تر وضع زندگی ممکن نہیں ہے۔ کتاب کا بڑا حصہ میں نے انتشار و پریشانی فکر میں تحریر کیا ہے اس وقت کا ہر لمحہ میرے لئے عذاب دردناک و رنج سے پر تھا اور حسرت و اندوہ اپنے ساتھ رکھتا تھا۔ کوئی وقت ایسا نہ تھا کہ میری آنکھ تر اور دل پریشان نہ ہو۔ کوئی لمحہ ایسا نہ تھا کہ میرا غم فزوں تر اور سوز دل دوبالا نہ ہو تا کسی فارسی شاعر نے کیا خوب کہا ہے:

بگرد اگرد خود چندانکہ بینم
بلا آنگشتری و من نگینم

معلوم نہیں کہ میری زندگی کا کوئی حصہ حادثات سے خالی کیوں نہیں ہے اور کیوں مجھے دائمی حسرت و ندامت کا سامنا ہے اور غم کے لشکر کے درمیان میری زندگی گزر رہی

ہے۔ خدایا بحق رسول بزرگ و وصی پسندیدہ مجھے اس طوفان مصیبت و امواج بلا سے نجات دے تیرے رسول اور اس کے وصی اور اہل بیت پر درود۔ میں جن مشکلات میں پھنسا ہوا ہوں اس سے خلاصی عنایت فرما۔ تو ارحم الراحمین ہے اور تیرے سوا کوئی خدا نہیں ہے۔

(رقمت اکثرہافی حال صعب لایمکن اصعب منھا حال و رسمت اغلبہافی مدۃ کدورۃ بال لایوجد اکدر منہ بال بل فی ازمنتہ یکون کل جزء منہاظرفالغصتہ و عذاب الیم وندامتہ و حسرۃ عظیم وامکنتہ توقد کل آن فیہازبانیتہ نارجحیم ویصب من فوقہا حمیم ماضی وقت لیس عینی فیہ مقطر اولا بالی مکدر اولم یحجی حین لم یزدالی ولم یضاعف ہمی و غمی نعم ما قال الشاعر بالفارسیتہ:

بگرد اگرد خود چندانکہ بینم
بلا آنگشتری و من نگینم

ومالی لیس فی امتداد حیوتی زمان لیس مملوا بالحوادث المستلزمہ للندائمتہ الدائمتہ والحسرۃ الابدیہ وکان استمرار عیشی امین جیوشہ امین جیوشہ غموم وعساکرہ ہموم، اللہم نجنی من تزاحم افواج البلاء و تراکم امواج العنا بحق رسولک المجتبیٰ ووصیہ المرتضیٰ صلی اللہ علیہما وآلہ وفرج عنی ماانافیہ بحق لاالہ الاانت وانت ارحم الراحمین۔

شرح اشارات، ج ۲، ص ۱۴۶ نقل از فلاسفہ شیعہ، ص ۲۵۸، شیخ عبداللہ نعمہ

اسماعیلی قلعوں سے خواجہ طوسی کی رہائی

مغلوں نے بہت سے اسلامی ممالک کو اپنا مطیع بنالیا تھا مگر مغربی ایشیا کے ایک حصہ میں بھی اب اسلام ان سی مغلوب نہیں ہوا تھا ایسا ہونا ہی چاہیے تھا کیونکہ قہستان،

دریائے الموت، البرز پہاڑ کے جنوبی دروں میں اسماعیلی فدائیان مستحکم قلعے رکھتے تھے اور دوسری طرف بغداد میں بنی عباس کے نام کی خلافت بھی قائم تھی، مصر و شام ایوبی سلاطین کے قبضہ میں تھا اور ابھی تک مغلوں کو ان پر تسلط کا موقع نہیں ملا تھا۔

اسماعیلی تمام مسلمانوں سے دشمنی رکھتے تھے اور جو بھی قدرت و طاقت حاصل کر لیتا اسے وہ اپنے فدائیوں کے وسیلہ سے ختم کر دیتے تھے دوسری جانب ایوبی امرا میں باہمی اختلاف تھا ایشیائے کوچک کے سلجوقی سلاطین اور الجزیرہ کے حکام میں ٹھنی رہتی تھی وغیرہ۔

مغل ان حالات سے باخبر تھے۔ لہٰذا پہلے ان کی کوشش یہ رہی کہ اسماعیلیان کو باہر نکالیں اور نبی عباس کا خاتمہ کر دیں اسلامی ممالک کے اندرونی حالات نے مغلوں کے اس خیال کو تقویت بخشی اسماعیلیوں کے ظلم و جور سے مسلمانوں کی جان پر بنی ہوئی تھی۔ قہستان و قزوین میں کوئی دن ایسا نہیں گزرتا تھا کہ مسلمانوں کی کوئی جماعت اذیت و مصائب کا شکار نہ ہو یا قتل نہ کر دی جائے۔ اسماعیلیوں کا ظلم اور شورش میں اپنی شدت پیدا ہو گئی جو ہر شخص کے لئے ناقابل تحمل برداشت تھی۔ یہاں تک کہ قزوین کے محبوب عالم "قاضی شمس الدین قزوینی" کئی بار "منکو قاآن" کے پاس حاضر ہوئے اور اس سے اسماعیلیہ کی شکایت کر کے مدد کے طالب ہوئے۔ (برداشت از تاریخ مغول، ص ۴۔۷۰ اعباس اقبال آشتبانی)

آخر کار وہ وقت آ گیا کہ مغلوں کے بادشاہ و چنگیز کے پوتے "منکو قاآن" نے اپنے چھوٹے بھائی "ہلاکو خاں" (جو اس وقت ۳۶ سال کا تھا) کو اسماعیلی قلعوں کی سرکوبی کے لئے مامور کر دیا۔

ہلاکو خاں نے ۲۵۱ھ میں اپنے ایک ہم مذہب عیسائی امیر "کیتوبوقا" کو بارہ ہزار

فوجیوں کے ساتھ قہستان دریائے کرد کی طرف روانہ کیا اور خود ۶۵۳ھ میں سمرقند آیا طوس پہنچنے کے بعد اس نے ہرات کے حاکم "ملک شمس الدین کرت" کو قہستان کے محتشم ناصر الدین کے پاس بھیجا اور اسے اپنی اطاعت قبول کرنے کا حکم دیا۔ اس وقت تک ناصر الدین پیر وضعیف ہو چکا تھا وہ ہلاکو سامنے آیا اور سر جھکا دیا ہلاکو نے بھی اس کا احترام کرتے ہوئے اسے شہر "تون (اب شہر تون کا نام فردوس ہو گیا اور شہر صوبہ خراسان کی جنوبی حصے میں ہے۔)" کی حکومت دے دی۔

ناصر الدین محتشم قہستان کی خود حوالگی عملی طور پر اسماعیلیہ کے محاذ کی شکست ثابت ہوئی اور مغلوں نے اس کے بعد یکے بعد دیگرے قلعوں کو تسخیر کر لیا۔ خواجہ نصیر کو تمام خبریں ملتی رہیں انہوں نے گمان کیا کہ ہلاکو خون ریزی پسند نہیں کیونکہ اس نے ناصر الدین محتشم کو دوسری جگہ کی حکومت دے دی اور قہستان کے لوگوں کا قتل عام بھی نہیں کیا۔

ہلاکو خاں نے بعد میں "خور شاہ" کے پاس اس نے دو نمائندے بھیجے اور اس کو اپنی اطاعت کی طرف بلایا۔ خور شاہ نے خواجہ نصیر کی مشورت و صلاح سے اس کی اطاعت قبول کر لی اور ایک سال کی مہلت مانگی۔

بادشاہ اسماعیلیان "خور شاہ" اور مغلوں کے فرستادگان میں دو مہینے تک چند مرحلوں میں مذاکرہ چلتا رہا سر انجام کار خور شاہ نے اپنے چھوٹے بھائی کو خواجہ نصیر الدین طوسی کے ساتھ ہلاکو خاں کے پاس بھیج دیا اور خود اول ذی قعدہ ۶۵۴ھ بروز یک شنبہ قلعہ سے نکل کر نیچے آیا اور اس طرح ایران میں حکومتی اسماعیلیان کا خاتمہ ہوا اور تاریخ میں اسماعیلیان کا نام کے سوا اور کچھ باقی نہ رہا۔ اس موقع پر خواجہ نصیر نے چند اشعار بھی کہے ہیں:

سال عرب چون شش صد و پنجاہ چار شد
یکشنبہ اول مہ ذی قعدہ بامداد
خور شان پادشاہ اسماعیلیان ز تخت
برخاست پیش ہلاکو بایستاد

عربی سال ۶۵۴ھ یک شنبہ اول ذی قعدہ کی صبح تھی جب اسماعیلیوں کا بادشاہ خور شاہ تخت سے اٹھا اور ہلاکو کے سامنے آکر کھڑا ہو گیا۔

اس بارے میں ایک دوسرے شاعر نے بھی کہا ہے:

ہماں روز خور شاہ فرزند را
بزرگان و خویشان و پیوند را
بہ درگہ فرستاد و در روز دگر
خود آمد بر شاہ پیروز گر
حکیمان عالم اصیل و نصیر
طبیبان عصر و موید وزیر
ازآن قلعہ با او فرود آمدند
چو باران بر ژرف رود آمدند

خور شاہ نے اسی دن اپنے فرزند و اعزا و اقربا کو ہلاکو کے پاس بھیج دیا اور خود دوسرے دن فاتح بادشاہ کے پاس پہنچا پھر اس قلعہ سے حکیم و دانش مند و طبیب و وزیر و مددگار سب اس طرح زمین پر اتر آئے جیسے دریا میں بارش آئی ہو۔ فعل سردار ہلاکو خاں نے خواجہ نصیر الدین اور رئیس الدولہ کے فرزند کو جو بزرگ حکماء و اطباء میں سے تھے اور خور شاہ کی تسلیم و سپردگی کا ذریعہ بنے تھے قتل عام و کشت و کشاد کو رکوا دیا تھا۔ اپنے

ساتھ بڑے احترام سے لایا اور ان سے بہت خوش ہوا۔ (جامع التواریخ، ج ۲، ص ۶۹۵ رشید الدین فضل اللہ، تاریخ مغول، ص ۴، ۱۷۳۴ عباس اقبال سرگزشت و عقائد فلسفی خواجہ نصیر الدین طوسی، ص ۵۰، محمد مدرسی زنجانی۔)

فتح بغداد

اسماعیلیوں کے قلعوں کو ختم کرنے کے بعد ہلاکو خاں نے بغداد پر حملہ کی تیاری شروع کر دی اور اپنی حکومت کے سربراہ و لشکر کے سرداروں سے مشورہ کر کے ان کے خیالات معلوم کئے چونکہ اس کا عقیدہ علم نجوم پر بہت زیادہ تھا اور اس کے بڑے بھائی منکو قاآن نے بھی تاکید کر رکھی تھی کہ "حسام الدین منجم" کو اپنے ساتھ رکھے لہٰذا ہلاکو نے حام الدین منجم سے بڑداد پر حملہ کے تعلق سے رائے مانگی۔ حام الدین جو خلیفہ عباسی کا خیر خواہ تھا جواب میں بولا۔ خاندان خلافت کی بردباری کا ارادہ اور بغداد پر چڑھائی مبارک نہیں ہوگی کیونکہ قدیم الایام سے ایسا ہے کہ جس بادشاہ نے عیسائیوں کی طرف رخ کیا ان کا ملک بھی چلا گیا اور عمر نے بھی وفائی نہیں کہ اگر بادشاہ نے میرے بات نہ مانی اور بغداد کا ارادہ کیا تو چھ خرابیاں و مصائب پیش آئیں گے اول یہ کہ تمام گھوڑے مر جائیں گے اور فوجی بیمار پڑ جائیں گے۔ دوم سورج نہیں نکلے گا۔ سوم بارش نہیں ہوگی۔ چہارم تیز آندھی آئے گی اور زلزلہ سے دنیا میں تباہی مچ جائے گی پنجم زمین سے کچھ آگے گا نہیں۔ ششم اسی سال بادشاہ فوت ہو جائے گا۔ جب ہلاکو نے ان حوادث کا سبب پوچھا تو حسام الدین نے جواب نہ دے سکا۔ تب ہلاکو نے خواجہ نصیر کو بلایا اور ان سے مشورہ کیا۔ انہوں نے کہا حسام الدین کی بتائی ہوئی ایک مصیبت بھی نہیں آئے گی ہلاکو نے حسام الدین کو طلب کیا تاکہ خواجہ نصیر سے بحث کرے۔

نصیر الدین نے کہا تمام اہل اسلام متفق ہیں کہ بہت سے بزرگ اصحاب شہید ہوئے مگر کچھ بھی گڑبڑ نہیں ہوئی اگر تم کہو کہ یہ عباسیوں کی تاثیر و خاصیت ہے تو اس کو جواب یہ ہے کہ مامون رشید کے حکم سے طاہر خراسان سے چل کر بغداد آیا اور اس کے بھائی محمد امین کو مار ڈالا۔ اس کے بعد متوکل اپنے بیٹے اور امراء کے ہاتھوں قتل ہوا۔ منتصر و معتز کو ان کے غلاموں نے قتل کیا۔ اسی طرح دوسرے کئی خلیفہ قتل کئے گئے مگر دنیا میں کوئی خلل واقع نہیں ہوا۔ (از کتاب سرگذشت و عقائد فلسفی خواجہ نصیر، ص ۵۲، محمد مدرس زنجانی (معمولی تبدیلی کے ساتھ)

بہر حال ہلاکو نے بغداد پر حملہ کرنے کی ٹھان لی اور مستعصم خلیفہ کے پاس اپنا سفیر بھیجا اور چاہا کہ خلیفہ ہلاکو کے دربار میں حاضر ہو کر ایلخانی بادشاہ کی اطاعت کا اقرار و اظہار معذرت کرے لیکن جب خلیفہ نے اسے منظور نہیں کیا تو ہلاکو نے ہمدان کی طرف سے چڑھائی کی اور بغداد کا محاصرہ کر لیا۔ خلیفہ عباسی کے پاس سوائے اس کے کوئی راستہ نہ رہا کہ وہ بغداد کے قاضیوں، سادات بنی عباس اور اپنے بیٹوں ابو بکر و احمد کے ساتھ شہر بغداد کے باہر آئے اور سر جھکا دئے۔

پھر ہلاکو خاں نے خلیفہ کے قتل کے بارے میں مشورہ کیا تو اکثر بڑھے بوڑھوں نے کہا کہ بہتر یہی ہے کہ خلیفہ کو قتل کر دیا جائے تا کہ لوگوں کو امان مل جائے مگر حسام الدین منجم جس کی بات مغلوں کی یہاں محترم تھی بولا " اگر خلیفہ قتل کیا گیا تو اسی وقت زمین پھٹ جائے گی آسمان زمین پر ٹوٹ پڑے گا اور عذاب ہی عذاب کا نزول ہو گا۔ "

ہلاکو جو علم نجوم اور منجموں کی پیشین گوئی کا سخت معتقد تھا حسام الدین کی باتیں سن کر ڈر گیا اور ارادہ بدلنے کے لئے سوچنے لگا اس لئے پھر خواجہ نصیر سے مشورہ کیا۔ انہوں نے جواب دیا کہ ابتدائے آفرینش عالم سے اب تک لوگوں نے ہزاروں بے گناہ افراد

مثل یحییٰ حضرت زکریا، اولاد پیغمبر وغیر ہم کو قتل کیا مگر ان حوادث میں سے کوئی ایک بھی واقع نہیں ہوا تو پھر کیا ہو گا؟ ہاں اگر بادشاہ کو زمین پر خلیفہ کا خون بہانے میں تردد ہے تو اس سے بچنے کا مناسب طریقہ یہ ہے کہ خلیفہ کو کمبل میں لپیٹ کر آہستہ آہستہ اس کو گھونسے، لات سے ادھ مرا کیا جائے اگر آسمان تاریک ہونے لگے یا طوفان آجائے یا زمین ہلنے لگے تو وہی پر ہاتھ روک لیا جائے اور اگر کچھ نہ ہوا تو پھر آپ آسودہ مطمئن ہو جائیں۔ ہلاکو نے اس رائے کو پسند کیا اور اسی طرح سے معتصم کو قتل کیا گیا اور دنیا میں کوئی انقلاب نہیں ہوا۔ (با استفادہ از قصص العلماء، ص ۳۸۰، مرحوم تنکابی۔ "حبیب السیر کی کتاب سے نقل کیا"

اور پھر چہارم صرف ۶۵۶ھ کو بغداد مغلوں کے ہاتھوں فتح ہو گیا۔

خواجہ نصیر نے اس موقع پر شعر نظم کئے:

سال ہجرت شش صد و پنجاہ و شش

روز یکشنبہ چہارم از صفر

چون خلیفہ نزد ہلاکو رسید

دولت عباسیان آمد بسر

ایک بات یاد رکھنے کے لائق ہے کہ مغربی ایشیا میں مغلوں کی لشکر کشی کا ایک عامل و مددگار ارمنوں کی چال بھی ہے۔ مغلوں نے جیسے ہی قوت و طاقت حاصل کی وہ بغداد کو فتح کرنے کی سوچنے لگے کیونکہ اس وقت بغداد مسلمانوں کے خلیفہ کا مرکز و مستقر تھا اور خصوصی اہمیت کا حامل تھا اور اس پر کئی بار حملے ہوئے جو نتیجہ خیز نہیں رہے یہاں تک کہ منکو قاآن کے عہد سلطنت میں باہمی نا اتفاقی و فوجی کمزوری بہت بڑھ گئی تھی یہ واقعہ ناگوار ظہور میں آیا۔ ایک طرف مصر و شام کے مسلمانوں اور عیسائیوں کے درمیان

صلیبی جنگ چل رہی تھی دوسری طرف آرمینیہ کے بادشاہ نے منکو قاآن سے اتحاد و دوستی کا عہدہ و پیمان کر لیا۔ یہ دونوں چیزیں اس کا باعث ہوئی کہ منکو قاآن کا بھائی ہلاکو ایران کے اسماعیلیوں اور بغداد و مصر و شام کی فتح کے لئے چل پڑے۔

(یہ دیکھتے ہوئے کہ ہلاکو کی ماں "سری قوی تی" (سوگلی) اور اس کا شوہر "دوقوز خاتون "عیسائی مذہب رکھتے تھے اور اس کے پیشتر فوجی مغل اور عیسائی تھے)

اس بنا پر فتح بغداد میں دو عوامل بڑے تھے ایک تو ہلاکو کے لئے منکو قاآن کا حکم دوسرے بنیادی طور پر اہم عامل جس نے اس واقعہ کو ظہور پذیر کیا وہ عباسی خلیفہ کی سستی و بے تدبیری تھی جس نے مغلوں کو لالچ میں ڈال دیا اور انہوں نے اپنا لشکر جرار بغداد کی طرف روانہ کر دیا۔

عباسی خلفاء جنہوں نے ۵۲۴ سال تک حکومت کی اور اتنی طویل مدت ہی ان کے مکر و فریب و حیلہ کو ظاہر کرتی ہے جس کی بدولت وہ مسلسل اتنے دنوں تک سلطنت کو چلاتے رہے۔ اس خاندان و سلسلہ (خلفاء بنی عباس نے خلافت بنی امیہ سے چھینی اور ۱۳۲ھ سے ۶۵۶ھ تک خلافت کرتے رہے ان کا دارالخلافہ شروع میں "انبار" پھر "کوفہ" اور بعد میں بغداد رہا ہے۔ ان خلفا کی تعداد ۳۷ تھی۔ پہلا خلیفہ تھا ابو العباس سفاح اور آخری مستعصم باللہ کے نام سے مشہور تھا ان کی ترتیب یوں ہے (منصور، مہدی، ہادی، ہارون، رشید امین، مامون، معتصم، واثق، متوکل، منتصر، متعین، معتز، مہتدی، معتمد، معتضد، مکتفی، مقتدر، قاہر، راضی، متقی، مستکفی، مطیع، طایع، قادر، قائم، مقتدی، مستظہر، مسترشد، مقتفی، مستنجد، مستضی، ناصر، ظاہر، مستنصر، مستعصم، لغت نامہ وہنجدا۔) کے خلفائے نے اپنا زیادہ وقت تن پروری میں کاٹا اور مسلمانوں کے لئے کوئی کارنامہ انجام نہیں دیا۔

اس سلسلہ کا آخری خلیفہ مستعصم عباسی بھی اپنے عادات واخلاق کے لحاظ سے قابل تعریف نہ تھا خون ریزی ولہو ولعب کے سوا اس نے بھی مسلمانوں کے لئے کچھ کیا نہیں۔ بلکہ اس کے بیٹے "ابو بکر" کے ہاتھوں بغداد کے تھوڑے شیعہ بری طرح قتل کئے گئے اور ان کا فال واسباب لوٹ لیا گیا محدث قمی لکھتے ہیں:

جب تخت سلطنت پر آخری خلیفہ عباسی مستعصم بیٹھا تو ملک اپنے وزیر موید الدین علمقی قمی کو سونپ دیا اور خود کبوتر بازی ولہو لعب وعیاشی ولذت اندوزی میں ڈوب گیا انہی ایام میں مستعصم کے فرزند ابو بکر نے محلہ "کرخ بغداد" پر جو شیعوں کا مسکن تھا، دھاوا بول دیا اور سادات کی ایک جماعت کو قیدی بنالیا۔ (تتمتہ المنتھی، ص ۳۷۳، محدث قمی)

جس وقت ہلاکو نے ہمدان سے خلیفہ کو پیغام بھیجا کہ اگر تم حکومت ایلخانی سے معافی مانگ لو اور اسے تسلیم کر لو تو ممکن ہے کہ میں بغداد نہ آؤں۔ خلیفہ اس وقت سیاست سے کام نہ لے سکا اور مغلوں کو نامعقول جواب اور بے ہودہ دھمکیاں دے کر اپنے آپ میں خوش تھا اور مغلوں کا مذاق اڑاتا تھا اور جس وقت وہ خواب خرگوش سے بیدار ہوا ت و کافی دیر ہو چکی تھی۔ بغداد کے حالات میں مرقوم ہے کہ جب ہلاکو نے خلیفہ کو چھیڑا اور اس سے خزانے اور مخفی دولت کا مطالبہ کیا تو اس نے یہ بھی کہا کہ تم نے اپنی قوم کا خیال کیوں نہ کیا اور اس دولت سے اسلحے کیوں نہ خریدے کہ میرے جیسا دریائے جیحون کو پار کر کے تم تک نہ پہونچ پائے اور جب میں دیگر مسلمانوں کو قتل کر رہا تھا تو تم ان کی مدد کو کیوں نہیں آئے۔

پس یہ کہا جاسکتا ہے کہ مغل قوم کے حملے کا اہم سبب وبڑا عامل تھا خلیفہ عباسی کی نا اہلی و بودا پن اور دوسرا عامل تھا "منکو قا آن" کا حکم جو ارامنہ سے معاہدہ کا لحاظ کر کے جاری کیا گیا تھا۔

البتہ بعض (جیسے ابن تیمیہ حنبلی و ابن قیم حنبلی از علماء اہل سنت اور صاحب طبقات الشافیہ و تاریخ ایران از جان ملکم) کا نتیجہ مانتے ہیں اور ان ہی کو خاندان آل عباس پر آفت کا سبب خیال کیا ہے مگر مورخین کا (از حملہ عماد الدین ابن الفداء صاحب تارے البدایت والنہایت۔) گروہ ان تمام اتہامات کو طوسی کے دشمنوں کی کارستانی مانتا ہے اور دانش مند طوسی کو ان اتہامات سے دور بتاتا ہے لیکن جو کچھ تاریخ قرائن سے نمایاں ہے وہ یہ ہے خواجہ نصیر ان ان واقعات سے الگ تھلگ و بے تعلق نہیں تھے۔

خواجہ نصیر

ہلاکو خاں نے طوسی کو ان کے علم و فضل کی وجہ سے اپنے بزرگوں کی فہرست میں داخل کر لیا اور ان کی حفاظت و دیکھ بھال میں کافی توجہ دی حتیٰ کہ جہاں جاتا وہاں طوسی کو اپنے ساتھ لے جاتا تھا خواجہ نصیر نے بھی اس موقع کو غنیمت جانا اور خاموشی کے ساتھ مغلوں کی غارت گری و خونخواری دیکھتے رہے اور کچھ بولے نہیں۔

چنانچہ اس عظیم دانشمند و فلسفی کا رول و نقش کئی جہات سے قابل توجہ ہے:

تحصیل علم۔ جسے اس نے جوانی میں بہت اعلیٰ پیمانے پر جگہ جگہ سے حاصل کیا اور مختلف علوم کا جامع بن گیا۔

اس کے بعد اسمعیلیوں کے قلعہ میں پر آشوب و ناقابل برداشت حالات میں عملی و ثقافتی کارنامے انجام دئے۔

مغل حکمرانوں پر اپنا اثر ڈالنا اور انہیں شہروں کی تباہی اور ملکوں کی غارت گری سے روک کر آثار علمی اور بہت سے علماء و دانش مندوں کی حفاظت کرنا۔ مراغہ وغیرہ میں عظیم الشان رصد گاہ بنانا۔ اس تعلق سے طوسی کی چند خدمات کا ہم یہاں ذکر کریں گے۔

الف: اس سیاست داں دانش مند نے "جوینی" کی مدد سے قلعہ الموت کی فتح کے بعد حسن صباح کے عظیم کتاب خانہ کو آتش زنی سے بچالیا۔

مغل جو تمدن سے بے بہرہ اور کتاب کی قدر و منزلت سے ناآشنا تھے قلعہ الموت کی فتح کے بعد سوچنے لگے کہ وہاں کے کتابخانہ کو آگ لگادیں مگر خواجہ نصیر الدین اور جوینی کے تدبیر و ہوشیاری سے یہ کام رک گیا اور وہ علمی خزانہ نابودی کے خطرہ سے باہر ہو گیا۔ اور اس عہد میں تاریخ اسلام کے پورے سابقہ ادوار سے زیادہ فارسی میں تاریخ نویسی کا کام ہوا۔

ب: دوسری بات علماء و دانش مندان کی جان کی حفاظت ہے۔ طوسی اپنی اثرات کی بناپر قادر ہو سکے کہ بے رحم و بے عقل قوم مغل کی تلوار سے بہت سوں کو بچالیں ان میں سے ایک تاریخ جہاں کشا کے مولف عطا ملک جوینی بھی تھے جو نامعلوم اسباب کی بنا پر مورد عتاب ہلاکو ہو گئے تھے اور ان کو سزائے موت سنا کر زندان میں ڈال دیا گیا تھا۔ (فوات الوافیات، ج۳، ص ۲۴۷، ابن شاکر (چاپ بیروت)

"ابن ابی الحدید" نہج البلاغہ کا شارح اور اس کا بھائی "موفق الدولہ" یہ دونوں علمائے اہل سنت فتح بغداد کے بعد مغلوں کی قید میں تھے اور قتل کئے جانے والے تھے مگر ابن ابی الحدید کا شیعہ شاگرد تھے ابن علقمی اپنے استاد کی سفارش کے لئے خواجہ نصیر الدین کے پاس پہنچا اور طوسی نے ان دونوں کی شفاعت کر کے موت کے خطرہ سے رہائی دلائی۔

ج: دوسرا دلچسپ و قابل توجہ نکتہ قوم مغل کا مسلم ایران کے تمدن و تہذیب میں جذب و حل ہو جانا ہے وہ لوگ ہلاکو کے لائق دانشمند وزراء مثل نصیر الدین و چند دیگر افراد سے بہت متاثر ہوئے اور آہستہ آہستہ اسلام کی طرف کھچتے چلے گئے۔

یہ قوم جو تہذیب و تمدن سے عاری تھی اور جس نے ممالک اسلامی کی نابودری کے

ارادے سے ایران اور دیگر ممالک پر دھاوا بولا تھا نہایت کم مدت کے اندر اسلامی تہذیب کی توانائی وعظمت کے سامنے جھک گئی اور مسلمان ہو گئی اور 694ھ (غازان خاں مغل کا زمانہ) سے اسلام ایران کا رسمی مذہب بن گیا اسی بنا پر اہل نظر نے اسے مغل دور اور اس کے بعد کے زمانے کو جدید تمدن اسلامی کی بنیاد رکھنے والا کہا ہے۔

د: دوسرا سب سے اہم و تاریخی کام جو طوسی نے کیا اور جس کی وجہ سے انہوں نے زیادہ شہرت پائی اور ان کا نام دنیا کے چند مشہور و عظیم دانش مندوں و علماء میں شامل ہو گیا۔ وہ تھا مراغہ میں رصد گاہ کی تعمیر اور ایک بڑے مکتب علم و دانش کی بنیاد۔

مغلوں کی تباہ کاری و لوٹ مار کے بند ہو جانے کے بعد ان علمی و ثقافتی مراکز نے دوبارہ اپنا کام شروع کر دیا اور خواجہ نصیر کی دانائی سے مراغہ کی عظیم رصد گاہ اور کتاب خانہ وجود میں آیا۔

بعض مورخین نے اس بارے میں اختلاف کیا ہے کہ رصد گاہ کا خیال اور بنیاد کس نے ڈالی۔ بعض کہتے ہیں کہ یہ جدت خواجہ نصیر الدین کی تھی انہوں نے ہلا کو خاں کو اس کی تعمیر پر مائل کیا اور ہلا کو خاں نے اس کے لئے فرمان جاری کیا۔

بعض کا کہنا ہے کہ چونکہ مغل قوم ہیئت و نجوم سے بہت زیادہ علاقہ مند تھی اور اس علاقہ مندی کی ایک قدیم تاریخ ہے اس لئے "منکو قاآن" نے مراغہ میں رصد گاہ کی تعمیر کی تجویز ہلا کو کے سامنے رکھی تاکہ وہ منجموں کی پیشین گوئی سے اپنے مقاصد و امور انجام دینے میں مدد حاصل کر سکے مغل سرداروں کی نجوم سے علاقہ مندی کا سبب خاص بھی یہی تھا۔ لیکن جو بات مہم اور ناقابل تردید ہے وہ اس کام میں خواجہ نصیر کا موثر کردار ہے بلاشبہ اگر وہ دنیا کے اس عظیم مجتمع کا موجد نہ رہا ہو (جس کی مثال شرق و غرب میں تین سو سال تک نہیں تھی، مگر موسس ضرور تھا۔

مشہور مستشرق رونالڈس لکھتا ہے:

"طوسی نے مراغہ میں سے ہلاکو سے کہا کہ "فاتح حاکم کو صرف غارت گری پر اکتفا نہیں کرنا چاہیے۔" اس مغل نے طوسی کا مطلب بھانپ لیا اور حکم دیا کہ مراغہ کے شمالی پہاڑ پر ایک عظیم رصد گاہ بنائی جائے چنانچہ کام شروع ہوا اور بارہ سال میں تمام ہوا اس درمیانی مدت میں زیچ کی جمع آوری ہوتی رہی۔ ہلاکو کے مرنے کے بعد تک یہ کام چلتا رہا تکمیل کے بعد اس کا نام زیچ ایلخانی رکھا گیا۔

اس کے ساتھ بہت بڑا کتب خانہ بھی بنایا گیا جس میں ان تمام کتابوں کو اکٹھا کر دیا گیا جو بغداد کے کتابخانوں کی غارت گری سے بکھر گئی تھیں۔ (فلاسفہ شیعہ، ص ۲۸۷، شیخ عبد اللہ نعمہ۔)

صاحب حبیب السیر لکھتے ہیں:

جس وقت ہلاکو خاں کو بغداد کی تسخیر و تخریب سے فراغت حاصل ہوئی تو اس نے خواجہ نصیر کی ترغیب پر حکم دیا کہ رصد کے اسباب کی ترتیب اور زیچ کا استنباط کیا جائے اور خواجہ نصیر نے تبریز میں مراغہ کو رصد گاہ کے لئے منتخب کیا۔ حکم شاہی ہوا کہ اس کام کے لئے جو رقم درکار ہو اسے خزانہ دار و دیوان مہیا کر کے دیں۔ چنانچہ اس کے لئے خواجہ نے جو بھی خرچ لازم تھا اسے حاصل کیا۔ (حبیب السیر، ج۳، ص ۱۰۳، نقل از مفاخر اسلام، ج۴، ص ۱۱۲)

صاحب کتاب "فوات الوفیات" ابن شاکر کے مطابق رصد گاہ بنانے کا خیال خواجہ کے دماغ کی پیداوار تھی اور وہ ہلاکو سے ملاقات سے برسوں پہلے اس فکر میں تھا کہ جب بھی وقت و موقع ہاتھ لگا اور وسائل فراہم ہو گئے اس کام کو شروع کرنا ہے بالآخر جب ہلاکو کے عہد میں انہوں نے اسے ممکن دیکھا تو اس کے لئے ابھارا کہتے ہیں کہ ہلاکو نے کہا کہ

اس کام کا فائدہ کیا ہے۔؟

اور کیا اس سے جو خیال و تمنا ہے وہ انجام پذیر ہو جائے گا؟ رصد گاہ بنانے اور ستاروں کی حرکت کو جان لینے کے بعد کیا حوادث کو روکا جاتا ہے؟ خواجہ نے کہا کہ میں اس سوال کا جواب ایک مثال سے دیتا ہوں۔ انہوں نے ایل خان (ایل خاں کہتے ہیں ایل کے سرپرست کو اس طرح مغلوں کے سرداروں کا ین لقب بن گیا) سے کہا کہ ایک آدمی کو بلندی پر بھیجو مگر وہ یہاں سے نزدیک ہو بہت دور نہیں اور وہ آدمی وہاں جاکر زمین پر ایک بہت بڑا طشت گرائے مگر پہلے سے کسی کو خبر نہ ہو۔ ہلاکو نے یہ کام انجام دیا اور ایک شخص کو مقرر کر دیا کہ وہ بالا خانہ پر جاکر طشت کو زمین پر پھینک دے۔ طشت کے گرنے سے بڑی مہیب و زوردار آواز نکلی اور لوگ گھبرا کے بھاگنے لگے۔ اور چاروں طرف وحشت و خوف پھیل گیا۔ لیکن چونکہ خواجہ وہلاکو معاملہ سے واقف تھے اس لئے بالکل نہ ڈرے۔ تب خواجہ نے کہا کہ اگر علم نجوم کا کوئی فائدہ نہ ہو تب بھی اتنا فائدہ تو ہے ہی کہ نادان واقف اور غافل لوگوں کو جو حوادث خوف و رنج میں مبتلا کر دیتے ہیں علوم نجوم کے جاننے والے اس سے محفوظ رہتے ہیں۔ ہلاکو نے جب دیکھا کہ معاملہ یوں ہی ہے تو پھر خواجہ کو صدر گاہ بنانے کا حکم دے دیا اور کہا اس کے لئے عمارت بنائی جائے۔ (فوات الوفیات، ج۳، ص ۲۴۷، چاپ بیروت، ابن شاکر تاریخ فلاسفہ ایرانی، ص ۴۲۰، ڈاکٹر علی اصغر حبلی)

مغل بادشاہ نے اس عظیم مرکز کے قیام و توسیع و ترقی کے لئے اپنی مملکت کی ہر مقبوضہ ریاست کے اوقات خواجہ نصیر الدین کے سپرد کر دئے۔ خواجہ نصیر نے ہر شہر میں ایک نمائندہ مقرر کر دیا اور رصد گاہ کے خرچ کے لئے اوقاف کے مال کا دسواں حصہ مخصوص کر دیا۔ خواجہ کا یہ عمل اوقاف سے صحیح استفادہ اور علم کے لئے اس سے بہرہ

برداری، دوسروں کے لئے نمونہ ہے اور طوسی کے سیاسی اقتدار و ذہانت کو ظاہر کرتا ہے۔

مراغہ کی رصد گاہ ۶۵۶ھ میں بننا شروع ہوئی اور خواجہ نصیر الدین کی وفات کے سال ۶۷۲ھ میں مکمل ہوئی۔

اس تعمیر میں فلسفہ و طب و علم دین حاصل کرنے والے طالبعلموں کے لئے الگ الگ مدارس و عمارتیں بنائیں گئی تھیں جہاں فلسفہ کے ہر ایک طالب علم کو روزانہ تین درہم اور طب پڑھنے والوں کو دو درہم فقیہ کے لئے ایک درہم اور محدث کے لئے روزانہ نصف درہم مقرر کیا گیا تھا۔ علماء کے وظیفہ میں درجہ بندی اس زمانے کے سیاسی و اجتماعی اور ضروریات زندگی کا لحاظ کر کے کی گئی تھی اس لئے اگر خواجہ نے فلسفہ کے طالب علم کو متعلم طبابت پر ترجیح دی تو اس کا سبب اس زمانے کے حالات تھے جہاں اس علم کو سب پر اولیت حاصل تھی۔

اس عظیم عملی کام کو انجام دینے کے لئے دانش مند طوسی نے چند مشہور فلک شناس علماء سے استفادہ کیا اور اس کے لئے بھاری رقم خرچ کی۔ اس مرکز میں دانشمندوں کی جتنی تعداد جمع ہو گئی تھی اس سے انہوں نے ایک بڑا علمی گروہ تشکیل دیا جن کا کام علم نجوم وریاضی میں نئی تحقیق وانکشاف تھا۔

اس علمی کام میں جن علماء و دانشمندوں نے طوسی کا ساتھ دیا ان میں سے چند اعلام کا ذکر کیا جاتا ہے۔

نجم الدین کاتبی قزوینی۔ ولادت ۶۰۰ھ وفات ۶۷۵ھ۔ علماء و حکاء شافعیہ میں سے تھے اور رصد گاہ مراغہ میں خواجہ نصیر الدین طوسی کے شریک کار تھے۔ مشہور کتاب منطق "شمسیہ" ان ہی کی تصنیف ہے رصد گاہ مراغہ میں خواجہ نصیر کا علمائے اہل سنت سے کام لینا یہ بتاتا ہے کہ وسیع نظر و وحدت پسند تھے اور علوم کی ترقی میں مذہبی تعصب

سے بہت دور تھے۔

موید الدین عرضی۔ دمشق کے علماء و فلاسفہ میں سے تھے ۶۵۰ میں پیدا ہوئے ۶۶۴ میں وفات پائی۔ انہوں نے مراغہ کے رصدی آلات کے بارے میں ایک کتاب بنام "شرح آلات رصدیہ مراغہ" لکھی۔

فخر الدین خلاصی۔ عالم فلسفہ و طب کے ماہر تھے ۵۸۷ میں متولد ہوئے اور ۶۸۰ ھ میں مراغہ ہی میں وفات پائی۔

محی الدین مغربی۔ اندلس کے رہنے والے تھے وہ خواجہ نصیر کے اہم ساتھیوں میں گنے جاتے ہیں ان کی تحریر کردہ کتابیں بہت ہیں محی الدین علم نجوم میں بہت زیادہ دسترس رکھتے تھے اور ان کی کتابیں زیادہ تر اسی علم میں سے متعلق ہیں۔

فرید الدین طوسی۔ اہل حکمت و عرفان تھے معماری میں بھی تخصص رکھتے تھے۔ اس دانش مند نے رصد گاہ بنانے میں طوسی کی بہت زیادہ مدد کی۔

فخر الدین مراغی۔ علم اصول و ہندسہ در رصد میں مہارت رکھتے تھے ۵۸۳ ھ میں پیدا ہوئے اور ۶۶۷ میں اصفہان میں انتقال فرمایا۔

فرید الدین ابوالحسن علی بن حیدر طوسی۔ یہ بھی اہل فن تھے انہوں نے بھی رصد گاہ کی تاسیس میں خواجہ طوسی کے ساتھ ہم کاری کی ان پر طوسی بہت اعتماد کرتے تھے فریدی الدین نے ۶۹۹ ھ میں وفات پائی۔

محمود بن مسعود بن مصلح الدین کازرونی۔ معروف بہ فخر الدین کازورنی ۶۶۴ میں بغداد آئے اور خواجہ نصیر سے ملے۔ اس صاحب علم و دانش کا باپ طبیب تھا، شیراز میں ایک مدت تک طبابت میں مشغول رہا۔ (خواجہ نصیر کے شاگردوں کی بحث میں ان کا بیان آئے گا۔)

مراغہ کے رصد خانہ میں بہت سے ان آلات سے بھی استفادہ کیا گیا جو قلعہ الموت و بغداد سے لائے گئے تھے اور وہ ایک بہترین رصد خانہ مانا جانے لگا۔ جوینی نے "تاریخ جہاں کشا" میں نجوم کے چند قم کے سامان و اوزار کا ذکر کیا ہے جو الموت سے مراغہ میں لائے گئے تھے (منجملہ اس کے اسطرلاب، ذات الکرسی، ذات الحلق وغیرہ)۔ (اسطرلاب علم نجوم کا قدیم ترین و معروف ترین آلہ ہے اور مختلف زبانوں میں اس میں تبدیلیاں ہوتی رہی اور اسے ستارہ شناسی میں استعمال کیا جاتا رہا۔ اسطرلاب دو لفظ یونانی استر بمعنی ستارہ اور لابون یعنی گننا سے مرکب ہے اس سے بہت سے کام لئے جاتے تھے مثلاً ستاروں کی بلندی اور آسمان میں اس کی جگہ یہ کئی قسم کا ہوتا تھا اور ہر ایک کا نام الگ تھا۔)

(کچھ قسمیں اس طرح ہیں: اسطرلاب تام، مسطح شمالی و جنوبی، طوماری، ہلالی زورقی، عقربی، قوسی، ہلالی) مسرطین (خرچنگی) حق القہر، مغنی، جامعہ، عصا موسیٰ، اہلیلچی صلیبی، بولبی، کری، ذی العنکبوت، رصدی، مجنخ، صدفی، سفرجلی، اسطرلاب نصف (برائے اندازہ و دورجہ دودرجہ) اسطرلاب ثلث (برائے اندازہ سہ درجہ سہ درجہ) اسطرلاب سدس (برائے اندازہ شش درجہ شش درجہ) اسطرلاب عشر (برائے اندازہ دس درجہ دس درجہ) خواجہ نصیر الدین کا ایک بیس بابی رسالہ اسطرلاب کی معرفت میں جس کا نام "بیست باب در معرفت اسطرلاب" ہے اس رسالہ میں اسطرلاب کے اجزاء کی شرح کی گئی ہے۔)

خواجہ نصیر کی یادداشت میں ہے کہ:

مراغہ کی رصد گاہ میں ایک قبہ ہے اسے اس طرح تیار کیا گیا ہے کہ قبہ کے سوراخ سے نور آفتاب صبح سے شام تک آوے اور اندر اجالا کرے اور اس وسیلہ سے آفتاب کی وسطی حرکت بلحاظ درجہ و دقیقہ معلوم ہوتی ہے۔ نیز اسی وسیلے سے ممکن ہے کہ مختلف

فصلوں میں آفتاب کی بلندی کے زاویوں کا اندازہ ہو سکے۔ اسی طرح قبہ کو ایسا بنایا گیا ہے کہ نوروز کے دن شعاع آفتاب "عتبہ" پر پڑتی ہے۔ بعض محققین کا خیال ہے کہ مراغہ کی رصد گاہ دوربین کی ایجاد سے پہلے ایک اعلیٰ و مکمل رصد گاہ تھی۔(یادنامہ خواجہ نصیر، ص ۸۲۔)

مراغہ کا رصد خانہ اسلام میں پہلا رصد خانہ نہیں تھا بلکہ اس سے قبل بھی کئی رصد گاہ موجود تھیں جن میں سے مشہور ترین کا ذکر یہاں جاتا ہے۔

رصد خانہ " شماسیہ " جو مامون کے زمانے میں (۲۱۴ھ) قائم کیا گیا اسے اسلام کا رصد گاہ مانا گیا۔

رصد خانہ بتانی جو شام میں واقع تھا۔

سرزمین مصر میں رصد خانہ حاکمی تھا۔

بغداد کا رصد خانہ بنی الاعلم۔(فوت الوفیات، ج۳،ص ۳۵۱، ابن شاکر (چاپ بیروت)

قبل اسلام بھی چند رصد گاہیں بنائی گئی تھیں مثلاً رصد برجس (ابن جیس) ورصد بطلیموس (فوات الوفیات، ج ۲، ص ۱۵۱، چاپ مصر)اور ایران میں رصد خانہ درجندی شاپور موجود تھا۔(دیکھو تاریخ در ایران نوشتہ ڈاکٹر مہدی فرشاد۔(چاپ انتشارات امیر کبیر) بہر حال مراغہ کا رصد خانہ اپنے وقت کا سب سے عظیم رصد خانہ تھا جس کی تعمیر و تاسیس خواجہ نصیر کی ہمت و حوصلے نے کی انہوں نے اس تعلق سے زیج بھی مرتب کرائی جس کا نام زیج ایلخانی رکھا۔(فارسی زیگ کو عربی میں زیج کر دیا گیا ہے اور وہ ایسی کتاب ہے جس سے منجم لوگ احوال و حرکات افلاک و ستارگان معلوم کرتے ہیں(لغت نامہ وہنجدا) زیج ان خطوط (افق و عمودی) کا مجموعہ ہوتا ہے جن کی بنیاد پر اختر شناسی کے

مشاہدات و مطالعات ہوتے ہیں۔ ان خطوط (جدول) سے ستارہ شناس ستاروں کی موقعیت کے تعین اور احکام نجوم کے استخراج اور نقاط و مقامات کی خصوصیات اور زمان شناسی کا کام لیا جاتا ہے (کتاب تاریخ علم در ایران، ص ۱۹۳ ڈاکٹر مہدی فرشاد)

طوسی کے عظیم کارناموں میں سے ایک مراغہ کی رصد گاہ کے نزدیک کتاب خانہ بنانا ہے جس میں مختلف شہروں و ملکوں سے کتابیں لائی گئیں۔ خواجہ نصیر نے اپنے گماشتوں کو اطراف و کناف میں بھیجا کہ جہاں بھی علمی کتاب دست یاب ہو وہ اسے خرید لیں اور مراغہ بھیج دیں طوسی خود بھی جہاں جاتے اچھی و مفید کتاب دیکھتے تھے تو خرید لیتے تھے۔ اور اس میں کوتاہی نہیں کرتے تھے۔ یہاں تک کہ مراغہ کے کتاب خانہ میں چار لاکھ کتابوں کا ذخیرہ ہو گیا جیسا کہ مورخین نے لکھا ہے۔

(۶) خواجہ نصیر کی اولاد
فصل ششم

خواجہ نصیر کے بیٹے

خواجہ نصیر الدین طوسی نے صدر الدین علی، اصیل الدین حسن، و فخر الدین احمد تین فرزند یادگار چھوڑے جن میں سے ہر ایک علم و دانش و فضل و کمال میں فخر روزگار تھا وہ ایک مدت تک مسلمانوں کی خدمت میں کرتے رہے۔ ان کی زندگی بہت سے حوادث سے لبریز ہے۔

طوسی کی نسل سے کچھ افراد

حکومت صفویہ میں بہت اونچے عہدے پر پہنچے تھے جن میں "حاتم بیک اردوباری" کا نام لیا جاسکتا ہے جو شاہ عباس کے دور میں اعتماد الدولہ کہلاتے تھے۔

صدر الدین علی

خواجہ نصیر کے بڑے اور لائق فرزند اپنے باپ کی زندگی میں ان کے اہم کار تھے۔ اور وادل نے ان کو مراظہ کے رضا خانہ کا سرپرست مقرر کیا تھا۔ والد کی رحلت کے بعد بھی رصد خانہ کے امور و اوقاف کے نگراں تھے ان کو ایک دانش مند، ریاضی داں، فلسفی و نجومی بتایا گیا ہے۔ مجمع الاداب میں ابن فوطی نے لکھا ہے صدر الدین کو شاہ قہستان اعتماد

الدین ابو الفداء قہستانی کی بیٹی سے شادی کا اعزاز حاصل تھا۔

اصیل الدین حسن

اصیل الدین حسن نصیر الدین طوسی کے دوسرے بیٹے تھے اور اپنے بھائی کی طرح اہل دانش و فضیلت تھے۔ ادبیات و سیاست میں اپنے والد کے ساتھ دسترس حاصل کی۔ وہ حیات پدر اور بعد وفات دونوں زمانوں میں مہم مشاغل و منصب پر فائز تھے بڑے بھائی (صدر الدین) کی وفات کے بعد ان کے جانشین ہوئے انہوں نے غازان خاں کے ساتھ شام کا سفر بھی کیا۔ اس کی حکومت میں ان کو اونچا مقام اور خصوصی شہرت حاصل تھی۔ شام میں انہوں نے امور اوقاف کو ہاتھ میں لیا اور بعد میں غازان خاں کے ساتھ بغداد کا سفر کیا جہاں انھیں بھی نائب السلطنت بغداد بنایا۔

فخر الدین احمد

خاندان میں سب سے چھوٹے تھے اور دوسرے بھائیوں کی طرح آپ کے ہاتھ میں تمام ممالک اسلامی کے اوقاف کی ریاست تھی اور وہ ان مسائل کو دیکھتے و سلجھاتے تھے۔

ان کی خصوصیات کے تعلق سے مرقوم ہے:

جب وہ بغداد میں ادراہ اوقاف کے رئیس و سربراہ تھے تو ۶۸۳ھ میں عراقی عوام کو قحط سخت نے اپنی لپیٹ میں لے لیا انہوں نے اپنی عالی دماغی اور خصوصی تدبیر سے اس کی نگہداشت کی اور اپنی تمام توانائی و ذہانت کو صرف کر دیا۔

فرزندان طوسی کے علم و دانش کے لئے یہی کافی ہے کہ شیعہ مورخین ہی نے نہیں

بلکہ بہت سے اہل سنت ہم عصر مورخین نے بھی ان کے فضل وعلم و دانش کا اعتراف کیا اور ان کو دانش مندوں کی صف میں شمار کیا ہے یہی نہیں بلکہ انہیں بعنوان بزرگ اہل دانش یاد کیا ہے۔

ان اوصاف کی طرف کتاب "الوافی بالوفیات" ابن صفدی" "فوات الوفیات" ابن شاکر و "حوادث الجامعہ، مجمع الاداب، تلخیص معجم الالقاب" ابن فوطی میں اشارے موجود ہیں۔

(۷) اخلاق خواجہ نصیر
فصل ہفتم

خواجہ نصیر کا اخلاق

محقق طوسی بے پناہ علم و دانش و مختلف فنون میں ید طولیٰ رکھنے کے علاوہ بہترین اخلاق وصفات حسنہ کے حامل تھے جس کا بیان تمام مورخین نے کیا ہے۔

طوسی کو صرف قلم و کتاب والے دانش مندوں میں شمار نہیں کیا جا سکتا کیونکہ انہوں نے علمی و فلسفیانہ کارناموں کو اپنی زندگی کا مقصد نہیں بنایا تھا بلکہ اخلاق، حسن سلوک، مجلسی زندگی علماء اور ارد گرد کے حالات میں ان کی گہری دلچسپی تھی یہی نہیں بلکہ ان کے یہاں علم کو اخلاق و معرفت پر سبقت حاصل نہیں تھی چنانچہ جہاں بھی انسانیت و اخلاق و کردار کی بات آتی ہے وہ اخلاق اور تمام انسانی اسلامی قدروں کو کلام و مفہوم بے روح (یعنی علم و دانش) پر ترجیح دیتے تھے۔

اگرچہ ان کو شعر و ادب کا ذوق لطیف بھی تھا مگر ان کا علم و رفتار و گفتار حقیقت و اقعیت کے تابع تھا اسی لئے انہوں نے کشادہ روئی کھلی آنکھوں اور متانت کے ساتھ اس عالم اسلامی زندگی گزاری جہاں بے عقلی، ناہنجاری اور جہالت کا زور تھا۔ خواجہ نے اپنی پوری زندگی میں تہمت، افترا، ملامت و بد گوئی دشنام کا سامنا کیا اور وہ بھی بہت زیادہ۔

(افسوس تو یہ ہے کہ وہ سلسلہ آج بھی بند نہیں ہوا ہے) ویسے تاریخ کی عظیم ہستیوں کی یہ خصوصیت بھی رہی ہے کہ ایک طرف ان کی تعریف و توصیف و ستائش

ہوتی ہے اور دوسری طرف دشمن ان کو برا بھلا کہتے رہے ہیں۔

داستان اتہام

یہ محقق طوسی کے صبر و تحمل و بردباری کا قصہ ہے جو بتاتا ہے کہ انسان ہونا عالم ہونے سے بالاتر ہے اور نصیر الدین کے کردار کے ایسے رخ کو ظاہر کرتا ہے جس کی مثال بہت کم ملے گی۔

ابن شاکر نے "فوات الوفیات" میں اسے یوں لکھا ہے:

ایک شخص خواجہ نصیر کے پاس آیا اور ان کے سامنے کسی دوسرے آدمی کی تحریر پیش کی جس میں خواجہ کو بہت برا کہا گیا تھا اور گالیاں دی گئی تھیں ان کو سگ ابن سگ لکھا تھا۔ خواجہ نے اس کا جواب نہایت نرم ولطف آمیز زبان میں دیا تھا اور لکھا" مگر تمہارا یہ لکھنا درست نہیں ہے کیونکہ سگ (کتا) چوپایہ ہے اور عف عف کرتا ہے اس کی کھال بالوں سے ڈھکی رہتی ہے ناخون بہت لمبے ہوتے ہیں تو یہ صفتیں تو مجھ میں بالکل نہیں ہیں بلکہ اس کے برخلاف میری قامت مستقیم، بدن بلا بال کا ناخن چورے ہیں اور ایسے خصائص رکھتا ہوں جو کتے سے مغائر ہیں اور میرے اندر جو ہے وہ اس میں نہیں ہے اور پھر وہ تمام عیوب وبرائیاں جو صاحب نامہ نے خط میں درج کی تھیں ان سب کا جواب اسی طرح بغیر سختی و درشتی کے لکھ دیا۔ (فوت الوفیات، ج۳، ص ۲۴۸، چاپ بیروت ابن شاکر الوافی بالوفیات، ج۱، ص ۱۸۰، ابن صفدی الکنی والالقاب، ج۳، ص ۲۱۷، محدث قمی، چاپ بیروت)

یہ داستان ایک نمونہ ہے اس بات کا کہ خواجہ طوسی خود پرستی خود خواہی نفس پرستی کے قید سے آزاد تھے۔ حقیقت یہ ہے کہ صرف تاریخ وطبیعت کا چکر ہی نہیں ہے جس

سے انسان علم کی مدد و ذریعہ سے آزادی حاصل کر لے بلکہ ایک اور زندان بلا بنام نفس و خود پرستی بھی ہے جس سے آزادی، علم و دانش کے ذریعہ ممکن نہیں بلکہ ایمان بخدا و تقویٰ الٰہی اس کی کنجی ہے۔

تمام علوم میں جامعیت اور جملہ مسائل پر طوسی کا عبور بتاتا ہے کہ وہ ایک بلند روح کے مالک تھے اور زندگی کو اپنے و دوسروں کے لئے سنگین و سخت نہیں بتاتے تھے اور لوگوں کی خوشنودی و درگزر جیسی عوام پسند صفات کے مالک تھے۔

نصیر الدین نے شرح اشارات، اوصاف الاشراف و اخلاق ناصری میں عرفان و اخلاق کی طرف اپنے میلان کو یوں ظاہر کیا ہے کہ لگتا ہے کہ وہ ایک فلسفی و ریاضی داں نہیں بلکہ ہمہ جہت عارف، معلم اخلاق ہے جو انسان کو انفرادی و اجتماعی زندگی بسر کرنے کا طریقہ تعلیم کرتا ہے۔ نصیر الدین طوسی نے صحرا نورد وحشی مغل قوم پر اپنی سیرت و کردار کا ایسا گہرا اثر ڈالا کہ آخر کار ان کے سردار، فرمانروا اور فوجی سب دین اسلام میں داخل ہو گئے۔ عہد طوسی کو سات صدیاں گزر چکی ہیں مگر آج بھی ان کے ارشاد کلام، اطوار، اخلاق، علم و دانش اہل علم کی مجالس کی زینت بخش رہی ہے۔ ان کی نیک صفات کے نقوش اشعہ مہر وماہ واختر آسمان فضیلت پر چمک رہے ہیں۔

"علامہ حلی" جو علمائے تشیع میں بزرگ ترین فرد مانے جاتے ہیں اور جن کا فرمان مسلم دانش مندوں میں سند اور مضبوط دلیل کی حیثیت رکھتا ہے وہ بھی طوسی کے ارشد تلامذہ میں سے تھے علامہ حلی کے افکار و نظریات کو بزرگ علماء حتیٰ کہ علماء غیر شیعہ بھی معتبر و گراں بہا مانتے ہیں۔

علامہ حلی اپنے استاد کے فضائل اخلاقی کی خصوصیات کا تذکرہ یوں بیان کرتے ہیں:

خواجہ بزرگوار علوم عقلی و نقلی میں بہت زیادہ تصنیفات کے مالک ہیں انہوں نے

مذہب شیعہ کے دینی علوم پر بھی کتابیں لکھی ہیں۔ میں نے جتنے دانش مندوں کو دیکھا ان میں شریف ترین شخص وہی تھے۔ خدا ان کی ضریح (قبر) کو منور کرے میں نے ان کی خدمت میں الٰہیات شفاء ابن سینا اور علم ہئیت میں "تذکرہ" کا درس لیا جو خود ان کی ایسی تالیفات میں سے ہے کہ جب تک یہ دنیا رہے گی اس کی تابانی باقی رہے گی۔ (مفاخر اسلام، ج ۴، ص ۱۳۶، علی دوانی، بنقل از اجازات بحار)

خواجہ نصیر کے اخلاق کی تعریف میں ان کے شیعہ شاگردوں سے زیادہ حلاوت ان کے اہل سنت شاگردوں کے بیان میں ہے۔

ابن فوطی (برای اطلاع بیشتر، فصل شاگردان خواجہ نصیر ملاحظہ فرمائیں۔) حنبلی مذہب رکھتے تھے مگر خواجہ نصیر کے شاگرد تھے وہ اپنے استاد کا ذکر یوں کرتے ہیں:

خواجہ مرد فاضل و کریم الاخلاق، نیک سیرت اور انکسار پسند تھے وہ کبھی بھی کسی حاجت مند کے سوال پر دل تنگ نہیں ہوتے تھے اور اسے رد نہیں کرتے تھے ان کا برتاؤ سب کے ساتھ خوش روئی کے ساتھ ہوتا تھا۔(احوال و آثار خواجہ، ص ۸۷ مدرس رضوی بنقل از حوادث الجامعہ ابن فوطی)

مورخین اہل سنت میں سے "ابن شاکر" نے اخلاق طوسی کی تعریف یوں کی ہے:

خواجہ نہایت خوش شمائل و کریم و سخی و بردبار و خوش معاشرت، دانا و فراست والے تھے ان کا شمار اس عہد کے سیاست مداروں میں ہوتا تھا۔(فوات الوفیات، ج ۲، ص ۱۴۹، ابن شاکر چاپ مصر)

(۸) شاگردان خواجہ نصیر
فصل ہشتم

خواجہ نصیر کے شاگرد

نصیر الدین طوسی جو کہ یگانہ روزگار دانش مند و مختلف علوم وفنون کے بحر ذخار تھے وہ ہر طالب علم کو اس استعداد و ظرف کے مطابق اپنے چشمہ پر جوش علم سے سیر اب کرتے تھے۔ طوسی جہاں بھی رہتے تشنگان علوم ان سے فائدہ حاصل کرتے جن شہروں اور مختلف ممالک میں وہ آمد ورفت رکھتے تھے چمکتے آفتاب کی گرمی بخشتے تھے۔ انہوں نے دنیا کو بہت زیادہ تعداد میں دانش مند بخشے اگر سب کی فہرست مرتب کی جائے تو پورے دفتر کی ضرورت ہوگی ہم یہاں ان کے چند شاگردوں کا مختصر ذکر کرتے ہیں

علامہ حلی

"جمال الدین حسن بن یوسف مطہر حلی"

معروف بہ علامہ حلی ۶۴۸ھ میں حلہ (حلہ عراق میں نجف و کربلا کے درمیان ہے) میں متولد ہوئے شیعوں کے مشہور علماء و دانشمندوں بزرگوں میں ان کا شمار ہے جو علم کا خزانہ اور فضائل کا کھلیان تھے۔ خاندانی لحاظ سے صاحب شرائع الاسلام جناب "محقق حلی" آپ کے ماموں اور "فخر المحققین" آپ کے فرزند تھے۔ (ان کا لقب فخر الدین و فخر الاسلام بھی ہے آپ بھی حلہ میں پیدا ہوئے دس سال کی عمر میں تحصیل سے

فارغ ہو کر درجہ اجتہاد پر فائز ہو گئے۔)

علامہ حلی پہلی شخصیت ہیں جنہوں نے شیعوں میں "آیت اللہ" کا لقب حاصل کیا اور عالم تشیع کے لئے بہت تکلیف اٹھائی اور ان کی خدا شناسی و خدا جوئی پر مشتمل افکار سے بے شمار انسان شیعہ ہوئے ۷۸ سال کی عمر بابرکت پائی اور ۷۶۲ھ میں واصل بحق ہوئے۔ ان کے قیمتی آثار فقہ، اصول، فلسفہ، کلام، تفسیر، حدیث و رجال میں یادگار ہیں جن میں سے بعض کا ذکر ذیل میں کیا جا رہا ہے:

کشف المراد: یہ کتاب خواجہ نصیر الدین طوسی کی "تحرید الکلام" کی شرح ہے۔ تجرید الکلام کی مختلف شرحیں لکھی گئی ہیں منجملہ اس کے شرح "ملا علی قوشچی" کا نام آتا ہے۔ قوشچی بزرگان اہل سنت میں سے ایک ہیں ان سے نقل کیا گیا ہے کہ وہ ہمیشہ فرماتے تھے۔

"اگر خواجہ کے عرب شاگرد (مراد علامہ حلی) نے تجرید الکلام کی شرح نہ لکھی ہوتی تو لازمی طور پر تجرید کا اجمال حل نہ ہوتا اور اس میں سے کچھ بھی سمجھا نہ جا سکتا۔" (کتاب قصص العلماء، ص ۳۸۲ مرزا محمد تنکابنی)

باب حادی عشر۔ یہ کتاب علم کلام میں ہے اور کتاب منہاج الصلاح علامہ حلی کا گیارہواں باب ہے۔

پہلے علامہ حلیؒ نے شیخ طوسیؒ کی مشہور کتاب "مصباح المتہجد" کو اختصار کے ساتھ منہاج الصلاح نامی کتاب میں سمو دیا پھر اس کو دس بات کا اضافہ کیا جس میں علم اصول اعتقادات ہیں اس طرح " باب حادی عشر" دراصل کتاب منہاج الصلاح کا گیارہواں ہے۔

جوہر النضید۔ خواجہ نصیر کی کتاب منطق "تجرید" کی شرح (علامہ حلی دیگر چند کتب

درج ذیل ہیں : تذکرہ الفقہاء، تبصرۃ المتعلمین فی احکام الدین، مدارک الاحکام، قواعد الاحکام، نہایتہ الاحکام، مختلف الشیعہ فی احکام الشریعہ در علم فقہ۔ وکتب مبادی الاصول فی علم الاصول، نہج الوصول فی علم الاصول، نہایت الوصول الی علم الاصول در علم الاصول، و کتب بسط الاشارات، ایضاح المعضلات من شرح الاشارات، الاشارات الی معانی الاشارات، یہ تینوں کتابیں ابن سینا کی اشارات کی شرح ہیں۔)

ابن مثیم بحرانی

کمال الدین مثیم بن علی بن مثیم بحرانی۔

حکیم، ریاضی دان، متکلم وفقیہ بحرین میں ۶۳۶ھ میں متولد ہوئے اور بڑے بڑے علماء مثل علامہ سید ابن طاؤس کے محضر میں کسب علم وکمال کیا۔ اگرچہ انہوں نے حکمت میں خواجہ نصیر کی شاگردی اختیار کی تھی مگر وہ ان کے فقہ کے شاگرد مانے جاتے تھے ابن مثیم بحرین میں رہتے تھے اور بہت ہی قانع، خوددار، زاہد وعزت نفس کا خیال رکھنے والے دانش مند تھے۔ ان کے حالات میں لکھا ہے کہ وہ مرد گوشہ نشین تھے اور علمی مجلسوں کے ہاؤہو سے دور تحقیق وتتبع میں لگے رہتے تھے ایک بار دوستوں کی دعوت پر بحرین سے حلہ پہنچے اور وہیں پر اپنے گراں قدر اثرات تحریر مثلاً شرح کبیر، شرح متوسط و شرح صغیر نہج البلاغہ کو مرتب کیا۔ ان کی قلندرانہ زندگی کا ایک واقعہ درج کیا جاتا ہے جو بے حد نصیحت آمیز بھی ہے:

اے آستین تو کھا

تاریخ کے مردان علم جود وصاحبان فضیلت کی ہمیشہ یہ خصلت رہی ہے کہ وہ تہہ

دست ہوتے تھے۔ ابن مثیم بھی سخت زندگی گزارتے اور معمولی و کہنہ لباس زیب تن کئے رہتے تھے اور اسی ہئیت و لباس میں حلہ کے بزرگوں، امراء دانش مندان کی مجلسوں میں پہنچ کر آخری کنارے پر جا بیٹھتے تھے۔ اس مجلس میں فقہی و علمی مسائل پر غور و فکر ہوتا تھا اور طلاب علماء مختلف مسائل علمی پر بحث و گفتگو کرتے تھے۔ ابن مثیم اس بحث میں شریک ہوتے اور اپنی مضبوط دلیلوں سے حضار و مباحث افراد کے نظریات کو رد کر دیتے اور مختلف علوم کے سوالات کا بالکل درست جواب دیتے تھے۔ اگرچہ انہوں نے اپنے علمی تبحر کو نمایاں کر دکھایا تھا مگر کہنہ لباس اور پیوند لگے ہوئے کپڑوں کی وجہ سے حاضرین مجلس کی سرد مہری کا شکار رہتے تھے۔

طلاب علوم اور دانش مند مجلس میں لباس ہائے فاخرہ پہنے بیٹھے تھے اور ابن مثیم کا دوست و متیقن جواب ان پر گراں گزر رہا تھا لہٰذا ان لوگوں نے صرف اس وقت صرف بے توجہی نہیں بلکہ دل آزاری شروع کر دی اور ان کو حقیر گردا ننے لگے۔ ایک شخص نے ابن مثیم کی طرف رخ کر کے کہا مجھے لگتا ہے کہ تم طالب علم ہو۔ ابن مثیم اس دن خاموشی سے باہر نکل گئے اور دوسرے دن ایسا قیمتی لباس پہن کر آئے جس کی آستینیں بہت چوڑی تھیں۔ ان کے سر پر بڑا عمامہ تھا۔ تمام حاضرین اٹھ کھڑے ہوئے اور ان کو مجلس میں آگے لے جا کر بٹھایا۔ علمی بحث کے درمیان ابن مثیم عمداً کمزور و سست جواب دیتے تھے مگر لوگ ان ہی جوابات کو مناسب و صحیح بتاتے تھے۔

جب دوپہر کا کھانا چنا گیا تو ابن مثیم کو مجلس میں بہترین جگہ دی گئی اس وقت انہوں نے اپنی ایک آستین کو دوسرے ہاتھ سے پکڑ کر کہا کہ کھا اے آستین! حاضرین نے پوچھا کہ آپ کا مطلب کیا ہے ابن مثیم نے جواب دیا کہ میں تو تمہارا وہی کل والا دوست ہوں اگر یہ آستین و نیا لباس نہ ہوتا تمہارا یہ احترام مجھے ہر گز نہ ملتا۔ جب لوگوں نے بات سمجھی

تو خجل و شرمندہ ہوئے اور اپنی غلطی تسلیم کی۔ (استفادہ از کتاب فلاسفہ شیعہ، ص ۲۴۸، شیخ عبد اللہ نعمہ۔ ترجمہ جعفر غضبان۔

قطب الدین شیرازی

محمود بن مسعود بن مصلح شیرازی۔ جو قطب الدین شیرازی کے نام سے مشہور ہیں خواجہ نصیر الدین کے نامور شاگردوں میں سے ایک تھے۔

قطب الدین ۶۳۴ھ میں شیراز میں متولد ہوئے اور اپنے والد ضیاء الدین مسعود بن مصلح کازرونی کے ساتھ جو مشہور طبیب تھے۔ اور مظفری اسپتال شیراز میں تدریس و معالجہ میں مشغول تھے، ابتدائی تعلیم کے مراحل ختم کئے وہ ماں باپ کے اکلوتے بیٹے تھے مگر چودہ سال کے نہ ہوئے تھے کہ باپ کا انتقال ہو گیا اور وہ طبابت و تدریس دونوں میں باپ کے جانشین ہوے۔ چنانچہ دس سال تک اسی اسپتال سے منسلک رہے مگر مزید تحصیل علم کے شوق سے مجبور ہو کر اسپتال کو خدا حافظ کہا اور اپنے چچا کمال الدین ابو الخیر بن مصلح کازرونی سے کتاب "قانون ابن سینا" پڑھنے کے لئے ان کے درس میں حاضر ہوئے۔ اس کے بعد انہوں نے خراسان اصفہان، بغداد و روم کا سفر کیا اور خواجہ نصیر الدین (جن کا اس زمانے میں عالم گر شہرہ تھا) کے سامنے زانوئے ادب تہ کر کے علم ہئیت و اشارات بو علی کا درس لیا۔

قطب الدین خود اپنی کتاب میں لکھتے ہیں:

مجھے مظفری اسپتال میں طبیب کی نوکری مل گئی چونکہ چودہ سال کی عمر میں مجھے باپ کی موت کا صدمہ سہنا پڑا تھا اس لئے میں دس سال تک اسی حالت میں زندگی بسر کرتا رہا۔ دوسرے طبیبوں کی طرح مجھے بھی نہ تو مطالعات کی فرصت و مجال تھی اور نہ

علاج و معالجہ کا وقت تھا لیکن میرا حوصلہ مجھے ابھارتا تھا کہ یہاں سے نکلے بغیر اس راہ کے اعلیٰ درجہ تک پہنچ نہ سکوں گا۔ پس میں نے آغاز تحصیل کو علم کر دیا اور کلمات قانون کو اپنے چچا سلطان حکماء و پیشوائی فضلا کمال الدین ابو الخیر بن مصلح کازرونی سے پڑھا اور شمس الدین محمد بن احمد کیشی حکیم اور شیخ کامل شرف الدین زکی بوشکانی کی خدمت میں حاضر ہوا کہ یہ دونوں اساتذہ کتاب مذکورہ کو بامغز و پوست پڑھانے، مشکلات و نکات سخت کو آسانی سے حل کرنے میں شہرت رکھتے تھے لیکن چونکہ یہ کتاب اسفن میں دشوار ترین کتاب ہے اور اس کو سمجھنا مشکل ہے۔ کتاب تین علمی باریکیاں، حکمت کے لطائف اور عجیب و غریب نکات اور اسرار و رموز بھرے پڑے ہیں جس سے ابنائے روزگار اس کے ادراک میں بالکل ناتوان و حیران رہتے ہیں اور ان کی ہمت و حوصلے اس کی اوج کمال تک پہنچنے میں جواب دے دیتے ہیں کیونکہ یہ کتاب افکار و آراء متقدمین میں انتہا کو پہنچی ہوئی ہے اور ساتھ ہی ان باریک ترین و بہترین نکات پر مشتمل جو متاخرین نے دریافت کئے ہیں اس لئے میں نے ان سے کسی کو نہیں پایا کہ پوری کتاب کو سمجھنے و سمجھانے میں ماہر ہو۔ حتیٰ کہ وہ شرح بھی جو امام فخر الدین رازی نے کی ہے مجھے دستیاب ہوئی مگر مشکل کو حل نہ کر سکی کیونکہ امام رازی نے شرح کے بدلے تمام کتاب یا چند اجزاء پر اعتراضات و جرح سے کام لیا ہے اسی طرح شرح امام قطب الدین مصری و افضل الدین گیلانی و نجم الدین نخجوانی سے بھی ہیں کچھ استفادہ نہیں کر سکا۔ مجبور ہو کر میں نے شہر دانش و حکمت کا رخ کیا و فیلسوف والا منزلت استاد نصیر الدین کے حضور میں پہنچا۔ تاکہ میری مشکلات حل ہو جائیں لیکن ان میں سے کچھ بھی باقی رہ گئیں تو میں نے خراسان کا سفر کیا پھر عراق گیا وہاں سے بغداد اور بالآخر بلاد روم پہنچا اور اس شہر کے حکیموں سے مباحثہ کیا وہاں کے طبیبوں سے ملاقات کی اور اپنی علمی مشکلات کو ان کے سامنے پیش کیا اور جو کچھ ان کے

پاس تھا اس سے فائدہ اٹھایا اور آخر میں اس نتیجہ پر پہنچا کہ ان میں سے کوئی بھی اس پر دسترس نہیں رکھتا لیکن اس تمام کوشش و گردش سفر کے بعد جب میں نے غور کیا تو پتہ چلا کہ میرے مجہولات (نامعلوم) بیشتر میرے معلومات ہی میں سے ہیں حتیٰ کہ ۶۱۸ھ میں مصر کے ملک منصور قلادون الفی صالحی کی خدمت میں رسائی ہوئی اور وہاں میں نے کلیات قانون کی تین کامل شرحیں پائیں پہلی فیلسوف محقق علاء الدین ابو الحسن علی بن ابی الحزم قرشی معروف بہ ابن نفیس کی تھی دوسری طبیب کامل یعقوب بن اسحق السامری منطبب کی اور تیسری حاذوق ابو الفرج یعقوب ابن اسحاق منطبب مسیحی معروف بہ ابن القف کی۔

اسی طرح میں نے جواب ہائے سامری کو پڑھا جو اس نے طبیب نجم الدین بن مفتاح کو دئے تھے اور تنقیح القانون پڑھی جو ہبتہ اللہ بن جمیع الیہودی نے لکھا تھا اور اس میں شیخ الرائیس (بوعلی سینا) کو تردید کی گئی تھیں اس کے علاوہ اور بھی شرحوں وتردیدوں کو دیکھا اور مطالعہ کیا کہ کتاب کی جو مشکلات رہ گئی تھیں وہ مجھ پر آشکار ہو گئیں اور اس طرح کوئی تردد و اشکال یا ابہام نہیں رہ گیا نہ کوئی محل قیل و قال۔ اور جب میں نے یہ دیکھا کہ مجھ سے زیادہ کوئی بھی اس کتاب پر مسلط و آگاہ نہیں ہے تو میں نے اس کی شرح اور مشکلات توضیح نے کتاب کے مبہمات کی تحریر اور فوائد کو زیادہ کرنا مناسب و موافق مصلحت خیال کیا۔ (تاریخ فلاسفہ ایرانی، ص ۲۔۴۶۱، ڈاکٹر اصغر حلبی، بنقل از مقدمہ کتاب التحفتہ السعدیہ قطب الدین شیرازی)

اس کے بعد قطب الدین تبریز جا کر بس جاتے ہیں اپنی عمر کے آخری ۱۴ سال تالیف و تحقیق میں گزار کر ۷۱۰ھ میں عالم روحانی کی طرف چلے جاتے ہیں۔

علوم میں ان کی یادگار موجود ہے علم طب میں "قانون ابن سینا" کی شرح پانچ

جلدوں میں بنام "التحفۃ السعدیہ" ہے۔ ان کی دوسری معرکتہ الآرا تصنیف "فتح المنان فی تفسیر القرآن" ہے جو چالیس جلدوں میں مکمل ہوئی ہے۔

کہا جاتا ہے کہ قطب الدین شیرازی سے شیعوں اور سنیوں کے مجمع میں سوال کیا گیا کہ علیؑ وابوبکر میں کون افضل ہے؟ انہوں نے جواب میں کہا "خیر الوریٰ بعد النبی من نبتہ فی بیتتہ" (تاریخ فلاسفہ ایرانی، ص ۴۶۶ھ، ڈاکٹر علی اصغر حلبی)۔ یعنی پیغمبر کے بعد بہترین مخلوق وہ ہے کہ اس کی بیٹی اس کے گھر میں ہو یہ کلام ایسا ہے جو علی علیہ السلام پر شامل ہے اور ابوبکر پر بھی۔

ابن فوطی

کمال الدین عبدالرزاق شیبانی بغدادی۔ یہ حنبلی مسلک کے تھے ان کی عرفیت ابن فوطی یا ابن الصایونی ہے۔ آپ نصیر الدین طوسی کے معروف شاگردوں میں سے تھے ۸۱ سال کی عمر پائی اور تمام زندگی بہت زحمت و تکلیف اٹھا کر مسلمانوں کی خدمت انجام دی۔ ابن فوطی ۶۴۲ھ میں شہر بغداد ہی میں وفات پائی مگر ان کا اصلی وطن خراسان تھا۔

فتح بغداد کے وقت ان کی عمر ۱۴سال سے زیادہ نہ تھی کہ مغلوں کے اسیر ہو گئے اور ۶۶۰ھ میں چار سال قید رہ کر رہائی پائی اور خواجہ نصیر الدین سے وابستہ ہو گئے ابن فوطی سے بہت علماء نے فیض حاصل کیا اور ان کی خدمت میں حاضر ہوئے مراغہ میں وہ دس سال تک رصد گاہ کے کتاب خانہ کے نگراں و ملازم رہے اور اپنی علم و دانش دوستی کے باعث کتاب خانہ مستنصریہ بغداد میں بھی مشغول خدمت رہے۔

ابن فوطی تحریر نگارش میں تبحر و مہارت رکھتے تھے وہ مدتوں اسی طرح گزران کرتے رہے۔ وہ درجہ اعلیٰ کے خطاط بھی تھے چنانچہ خوش خطی کی ہنر سے کام لیتے ہوئے

انہوں نے اپنے قلم سے بہت سی کتابیں لکھیں۔

جن میں سے ایک خواجہ نصیر کی ضخیم کتاب "زیج ایلخانی" کا نام لینا کافی ہے۔

وہ ایک تاریخ نویس تھے اور اپنے عہد کے واقعات کے عینی شاہد بھی تھے۔ اس لئے (ساتویں صدی) کے حالات جو انہوں نے لکھے ہیں اس کی بڑی اہمیت ہے اور اس کا شمار ساتویں صدی کی اولین تاریخ کتب میں ہوتا ہے اہل سنت کے تاریخ نویسوں نے ان کو "فیلسوف مورخین" کا نام دیا ہے۔ ان کی کتابیں ان کی سخت کوشی، بیش از بیش زحمات کی دلیل ہیں چنانچہ ان کی کتاب معجم الادب پچاس جلدوں پر مشتمل ہے ان کی دیگر دو معروف تر کتابیں "الحوادث الجامعہ" و "تلخیص معجم الالقاب" بھی ہیں۔

سید رکن الدین استر آبادی

حسن بن محمد شرف شاہ علوی استر آبادی بھی خواجہ طوسی کے معروف شاگردوں میں سے تھے جو ۶۴۰ھ میں پیدا ہوئے اور ۷۵ سال کی عمر میں ۷۱۵ میں فوت ہو گئے۔

کتابوں میں ان کا تعارف بطور شخص متواضع و صبور اور امرائے مغل کے نزدیک لائق و احترام و منزلت کیا گیا ہے۔ سید رکن الدین نے مدتوں خواجہ نصیر سے مراغہ میں استفادہ علمی کیا۔ اور وہ خواجہ نصیر کے سفر بغداد ۶۷۲ھ میں ان کے ہمراہ تھے۔ ان کے آثار میں شرح مقدمہ ابن حاجب، حاشیہ بر تجرید الکلام خواجہ نصیر اور شرح قواعد العقائد خواجہ کا نام لیا جا سکتا ہے آخر الذکر کتاب انہوں نے طوسی کے کسی بیٹے کے لئے لکھی تھی۔

مرحوم محدث قمی نے ان کو نصیر الدین طوسی کے اصحاب خاص میں شمار کیا ہے اور ان کی وفات و مزار شہر تبریز میں بتائی ہے۔ (فوائد رضویہ، ص ۱۲۱، محدث قمی)

خواجہ نصیر کے دیگر شاگرد جن کا نام کتب تاریخ علماء میں ہیں ذیل میں درج کئے جاتے ہیں:

عماد الدین، ابو علی عبد اللہ بن محمد بن عبد الرزاق جربوی بغدادی حاسب معروف بہ ابن الخوام، متولد سال ۶۴۳ وم توفی سال ۷۲۸ در بغداد۔

حموئی، ابراہیم بن شیخ سعد الدین محمد بن موید ابی بکر بن شیخ ابی عبد اللہ محمد بن حمویہ بن محمد جیونی، متولد سال ۶۴۴ و متوفی ۷۳۲

اثیر الدین اومانی، قریہ اومان جو ہمدان کی پاس ہے ان کو بطور ایک شاعر و اہل فن پہنچوایا گیا ہے جن کے فارسی دیوان میں پانچ ہزار اشعار ہیں۔

مجد الدین ابو الفتح محمد بن محمد طوسی

مجد الدین ابو علی عبد المجید بن عمر حارثانی

مجد الدین الیاس بن محمد مراغی

فخر الدین لقمان بن محمد مراغی

مکتب خواجہ نصیر میں جن کے دیگر دانش مندوں نے زانوئے ادب تہہ کیا اور ان کے علم و دانش سے بہرہ مند ہوئے اختصار کا لحاظ رکھتے ہوئے ہم نے ان کا نام نہیں لکھا زیادہ معلومات کے لئے ابن فوطی کی کتابوں کا مطالعہ کیا جائے۔ (الحوادث الجامعہ و تلخیص الالقاب ابن فوطی)

(۹) دانش و آثار خواجہ نصیر
فصل نہم

سات سو برس سے زیادہ ہو گئے مگر آج بھی طوسی کے آثار علم و دانش و وسعت معلومات سے استفادہ جاری ہے۔

طوسی بہت سے عصری علوم بالخصوص فلسفہ و ریاضی میں صاحب نظر تھے۔ کلام منطق، ادبیات، تعلیم و تربیت اخلاق، فلک شناسی و رمل وغیرہ میں ایک مقام رکھتے تھے اور ان علوم میں انہوں نے اپنے آثار بطور یادگار چھوڑے ہیں۔

بزرگان علم و دانش نے ان کی علمی بلندی کا اعتراف مختلف الفاظ سے کیا ہے جیسے استاد بشر، افضل علماء سلطان فقہاء، سرآمد علم، اعلم نویسندگان، عقل حادی عشر معلم ثالث وغیرہ۔

مخالفین و غیر مسلمین نے ان کی جو تمجید و تعریف کی ہے وہ لائق توجہ اور خواجہ کے توسیع علم و دانش کا ثبوت ہے ان کی شہرت اسلامی سرحدوں کے پرلے ہے غیر مسلم اہل علم و دانش بھی اس بزرگ شخصیت کے بارے میں زبان کھولنے پر مجبور ہو گئے۔

جرجی زید اس موضوع پر لکھتا ہے:

اس ایرانی کی ذریعہ حکومت و علم مغلوں کی سلطنت کے ہر دور دراز علاقوں میں یوں پہنچ گیا کہ تم کہو گی کہ رات کی تاریکی میں نور تاباں تھا۔ (آداب اللغۃ العربیہ، ج۳، ص ۲۳۴ فوائد رضویہ، ص ۶۰۳ محدث قمی)

("فزھا العلم فی بلاد المعقول ید ھذا الفارسی کانہ قبس منیر فی ظلمتہ مد لھمد"

جرمن ادیب "بروکلمن" تاریخ ادبیات میں ساتویں صدی کے دانش مندوں کے بارے میں لکھتا ہے:

اس عہد کے مشہور ترین علماء و مولفین میں مطلقا و بلا شک نصیر الدین طوسی سر فہرست ہیں۔(سرگذشت وعقائد فلسفی خواجہ نصیر، ص ۸۱)

خواجہ کے علم و دانش سے گہری وابستگی کا حال یہ تھا کہ وہ لحظ بھر آرام سے نہیں بیٹھتے تھے اور سیاسی و اجتماعی کاموں میں مشغولیت کے باوجود قلم ان سے جدا نہیں ہوتا تھا۔ حتیٰ کہ اسماعیلیوں قلعوں میں جب وہ اپنی زندگی کے درد ناک و اذیت ناک ترین لمحات گزار رہے تھے قلم و کتاب ان کی شب و روز کے مونس و غم گسار تھے۔نابغہ روزگار افراد کے لئے علم و دانش ایک گمشدہ سرمایہ ہوتا ہے جس کی جستجو میں وہ ہر لمحہ بڑی سے بڑی زحمت گوارہ کر لیتے ہیں اور خواب وخوراک کو بھی نظر انداز کر دیتے ہیں۔

لوگوں نے خواجہ نصیر الدین طوسی کے بارے میں لکھا ہے کہ جب ان کو کوئی مشکل مسئلہ عملی پیش آتا تو اسے حل کرنے کی فکر میں لگ جاتے جب کبھی رات کے آخری حصہ میں کوئی مسئلہ صاف و روشن ہو جاتا تو وہ خوشی سے حالت وجد میں پہنچ جاتے اور کہتے این الملوک وابناء الملوک من ہذہ اللذۃ یعنی بادشاہان و شہزادگان کہاں ہیں وہ آئیں اور میں اس وقت جس لذت کا احساس کر رہا ہوں اسے دیکھیں گے کہ وہ لوگ جو لذت امور حسی میں پاتے ہیں اس سے یہ کہیں زیادہ لذیذ ہے۔(فلسفہ اخلاق، ص ۸۰، شہید مطہری)

خواجہ کی دانش کا ایک واقعہ

خواجہ نصیرالدین طوسی کے زمانے میں اہل تسنن کے بزرگ علماء میں سے ایک ملا قطب الدین شیرازی کا حلقہ درس ایسا تھا جس میں اہل علم شریک ہوا کرتے تھے۔ ایک روز خواجہ نصیر بھی اس مجلس میں بھیس بدل کر پہنچ گئے اور آخری کونے پر بیٹھ کر ملا قطب الدین کی تقریر سننے لگے اور پھر چپ چاپ اپنے گھر چلے گئے۔ ایک شخص خواجہ کے پاس بیٹھا تھا اس نے انہیں پہچان لیا اور اپنے استاد سے بولا کہ جو شخص میرے پہلو میں بیٹھا ہوا تھا وہ خواجہ نصیر تھا۔ ملا قطب الدین نے کہا کہ وہ کل صبح بھی یقیناً آئیں گے۔ میں سوچتا ہوں کہ ان سے اس علم میں بحث کروں جس سے وہ نابلد ہوں۔ شاگرد وں نے استاد سے کہا کہ ہر علم میں ان کی تالیفات موجود ہیں مگر علم طب سے وہ نا آشنا ہیں اور اس بارے میں انہوں نے کچھ نہیں لکھا ہے۔ ملا قطب الدین نے حکم دیا کہ کل ان کے شاگرد قانون ابن سینا لائیں تاکہ اس میں سے "نبض" کا درس شروع کیا جائے۔ صبح ہوئی شاگرد جمع ہو گئے اور ملا قطب الدین نے بحث "نبض" کی تدریس شروع کر دی اور ابن سینا پر بہت سے اعتراضات وارد کئے، اپنی تحقیقات و نظر کو پیش کیا اس کے بعد اس شاگرد سے پوچھا جو خواجہ نصیر کے پاس بیٹھا تھا۔ سمجھ گئے؟ شاگرد نے کہا جی ہاں سمجھ گیا۔ ملا قطب الدین نے کہا کہ تو پھر اس کی تقریر کرو۔ اس نے تقریر شروع کی تو درمیان اس کی زنان لکنت کرنے لگی۔ خواجہ نصیر نے کہا کہ اگر اجازت ہو تو میں کچھ عرض کروں۔

ملا قطب الدین نے کہا کہ تم بھی سمجھ گئے انہوں نے کہا ہاں ملا قطب الدین بولے تو بیان کرو۔

خواجہ نے کہا جو اعتراضات آپ نے وارد کئے ہیں میں اسے ہی بیان کر دوں یا جو حق ہے اسے کہوں۔ ملا قطب الدین نے کہا پہلے میری تقریر دہرائی جائے پھر اس کے اشکالات اس کے بعد اپنا نظریہ بیان کرنا۔

خواجہ نے استاد کی گفتگو نقل کی اور ان کے شبہات کو بیان کا اس کے بعد جو حق و درست تھااس کی تقریر کر دی۔

ملا قطب الدین فوراً اپنی جگہ سے اٹھ کھڑے ہوئے خواجہ کا ہاتھ پکڑ کر اپنی جگہ پر بیٹھا کر ان کا بہت احترام کیا اس کے بعد دونوں کے درمیان "امامت" کی بحث چھڑ گئی اور کافی لمبی گفتگو ہوئی۔

خواجہ نے حضرت امیر المومنین علی علیہ السلام کی خلافت ثابت کر دی اور ملا قطب الدین شیعہ ہو گئے۔ لیکن ایک مدت کے بعد وہ مذہب تشیع سے منصرف ہو گئے۔ تو خواجہ نے ان سے تین بار بحث کی تو قطب الدین نے سر تسلیم خم کر دیا اور مذہب تشیع قبول کر لیا مگر بعد میں پھر پلٹ گئے۔

چوتھی بار خواجہ نے ان سے بحث کرنا چاہی تو ملا قطب الدین نے کہا " مجھ میں تم سے مناظرہ کی طاقت نہیں ہے " اپنے کسی شاگرد سے کہو کہ مجھ سے بحث کرے۔ اگر اس نے مجھے شکست دے دی تو پھر ایسا شیعہ بن جاؤں گا کہ دوبارہ قدیم مسلک پر کبھی نہ پلٹوں گا۔ خواجہ نصیر نے اپنے ایک شاگرد کو حکم دیا کہ ان سے مباحثہ کرو۔ ملا قطب الدین مناظرہ میں مغلوب ہو گئے اور مذہب حقہ تشیع میں ایسے داخل ہوئے کہ پھر کبھی اس مذہب سے برگشتہ نہ ہوئے۔ (قصص العلماء، ص ۳۷۳ مرزا محمد تنکابنی)

خواجہ کی ریاضی دانی

بلاشبہ خواجہ کی زندگی کا ایک اہم و نمایاں رخ ان کی ریاضی دانی تھی آج تک انہیں الجبرا، حساب، ہندیہ، جیومیٹری اور علوم ریاضی کے جملہ شعبوں کا ایک عظیم عالم مانا جاتا ہے اور اسی سبب سے مغرب کے بڑے بڑے دانش مندوں نے انھیں ریاضی دان ہی

سمجھا ہے اس کے علاوہ دیگر علوم میں خواجہ کی مہارت کا حال ان پر کھلا ہی نہیں۔ اگر خواجہ کی علم ریاضی میں خلاقیت و فطانت کا منظر دیکھنا ہو تو کتاب "الشکل القطاع" کا مطالعہ کرنا چاہیے خواجہ نے اس کتاب کے ذریعہ علم ریاضی میں اپنی برتری کو عصر حاضر و عہد گذشتہ کے تمام دانش مندوں پر ثابت کر دیا ہے انہوں نے مثلثات کو علم فلک سے جدا کیا اور پھر ہر ایک مقولہ کو جداگانہ شمار میں لائے۔ طوسی پہلے ریاضی داں ہیں جنہوں نے مثلث کروی کی چھ حالتوں کو قائم الزاویہ مثلث کے ذریعہ کام میں لیا اسی طرح ہندسہ (جیومٹری) کی دیگر شکلوں میں بھی انہوں نے اختراع کی ان کے نظریات و آثار موجود ہیں جن کی تعداد ۳۵ تک پہنچتی ہے یہ بات اس حقیقت کو بتاتی ہے کہ اگر تاریخ کے پورے دور میں علم ریاضی میں بے مثال نہیں تو کم مثال و نظیر ضرور تھا۔

فلسفہ اور خواجہ

اشارات بو علی سینا کے رموز کو حل کرنے میں طوسی کو عمیق و بلند فکر کسی سے پوشیدہ نہیں ہے انہوں نے مشائین (مشائین راستہ چلنا اصطلاحاً وہ فلاسفہ جو صرف عقل و استدلال پر تکیہ کرتے اور ارسطو بو علی سینا کے پیرو ہیں بخلاف اشراقیوں کے جو افلاطون و سہروردی کے پیرو ہیں وہ صرف عقل و استدلال سے کام نہیں لیتے بلکہ اس کے لئے سلوک قلبی و مجاہدات نفسی کو بھی لازم جانتے ہیں۔) کے فلسفے کو محکم و استوار کرنے میں جو کارہائے نمایاں انجام دئے وہ ان کی عملی و فلسفیانہ قدرت کا مظہر ہے۔

خواجہ نے اشارت (انتشارت بو علی سینا کی آخری کتاب ہے جیسا کہ کتاب کے نام سے پتہ چلتا ہے کہ وہ بہت ہی مہم و دقیق فلسفی منطق و عرفانی مطالب پر مشتمل ہے۔) بو علی سینا کی جو شرح لکھی ہے اس میں نہ صرف ارسطو و افلاطون کے نظریات کو جو اس

زمانے میں علمی ستون بن چکے تھے اسلامی فلسفہ سے خارج کیا بلکہ امام فخر الدین رازی کے اشکال و اعتراض کا جواب بھی دیا جو تنقید و اشکال وارد کرنے میں اتنے حساس و دقیق تھے انہیں امام المشککین کہا جاتا تھا۔

فخر الدین رازی کے اشکالات و شبہات کا سامنا بہت دنوں تک کوئی نہیں کر پاتا۔ وہ ابن سینا کے افکار پر متعصبانہ انداز میں حملہ کرتے تھے اور مشائین خصوصاً بو علی سینا پر اعتراضات کی بھرمار کرتے تھے اور اپنے شاگردوں کے توسط سے اسے مختلف ممالک اسلامی میں شایع و منتشر کرتے رہتے تھے یہاں تک کہ بو علی کے افکار سے لوگوں کی توجہ کم ہو گئی لیکن اسی اثناء میں خواجہ نصیر میدان میں وارد ہو گئے ایک عظیم دانش مند جو خاندان پیغمبر و اہل بیتؑ معصوم کا پیرو تھا انہوں نے فخر رازی "جو بزرگان اہل تسنن میں سے تھے" کے تمام اعتراضات و شبہات کا ایک ایک کر کے جواب دے دیا۔ بعد میں خواجہ نے شرح اشارات لکھ کر بو علی سینا کے افکار و مسلک میں دوبارہ جان ڈال دی اور اس کے چہرہ سے گمنامی کا غبار صاف ہو گیا بلکہ اس نے آنے والے زمانوں میں بھی اپنی راہ بنالی۔ اور ایسی کہ آج بو علی کا نام فلسفہ دیار اسلامی کی بلند چوٹی پر درخشندہ ہے۔

طوسی اور علم کلام

علوم اسلامی میں سے ایک علم کلام بھی ہے جس میں عقائد کے بارے میں بحث ہوتی ہے۔ چونکہ اسلام ہمیشہ سے الحادی افکار و نظریات سے گھرا رہا اس لئے ابتدا ہی سے قرآن و پیغمبر اسلام و اصحاب۔ و ائمہ اطہار علیہم السلام کی نظر میں یہ عمل مورد توجہ رہا اور سب نے اس کی طرف توجہ دی اس بنا پر اس علم کی تاریخ اسلام کے ہم رکاب رہی ہے اور تاریخ اسلام کے پورے دور میں یہ علم کئی مراحل سے گزرا ہے۔ امام جعفر صادق علیہ

السلام کے اصحاب میں سے فضل بن شاذان نیشاپوری تک جو اصحاب امام رضا علیہ السلام میں بھی تھے پھر تیسری صدی میں خاندان نوبختی وابن قبہ رازی اور علی بن مسکویہ پانچویں صدی میں اس کے بعد ساتویں صدی یعنی خواجہ طوسی کے زمانہ تک علم کلام کا سفر جاری رہا ہے لیکن اس بزرگ و عظیم دانش مند کی وجہ سے علم کلام میں انقلاب عظیم آگیا اور طوسی نے "تجرید العقائد" نام کی پرمایہ و محکم ترین کلامی تحریر تصنیف کر دی اس کتاب نے علم کلام کے نئے افق اور نئے راستے کھول دئے آج تک یہ کتاب حوزہ ہائے علمیہ و اسلامی یونیورسٹیوں میں داخل درس ہے اور سات سو برس سے اپنی جاودانی حیثیت قائم رکھے ہوئے ہے۔

ایک سنی المذہب دانش مند کا اعتراف

"فاضل قوشجی" اہل سنت کے بزرگ عالم و دانش مند جن کا فضل و کمال بیش از بیش ہے آپ بھی کتاب تجرید العقائد کے معروف شارحین میں سے ایک ہیں ان کی شرح عام طور پر شرح جدید کے نام سے مشہور ہیں آپ تجرید العقائد کی عظمت کے بارے میں لکھتے ہیں:

مخزون بالعجائب، مشحون بالغرائب، صغیر الحجم، جید النظم، کثیر العلم، جلیل الشان، حسن الانتظام، مقبول الائمہ العظام، لم یظفر بمثلہ علماء الامصار وھو فی الاشتھار فی رابعہ النھار (الکنی والالقاب، ج۳، ص ۲۵۱، محدث قمی)

"یعنی یہ کتاب عجائب کا خزانہ و غرائب کا انبار ہے چھوٹی سائز کی، خوبصورت و تنظم، بہت بلند دانش والی و بہت مرتب جسے بزرگ رہبروں وائمہ نے قبول و تسلیم کیا علماء اس کا مثل نہ پائیں گے۔ یہ کتاب شہرت میں آفتاب نیم روز کی طرح درخشاں ہے۔"

تعلیم و تربیت

خواجہ کے متعدد آثار ہیں "آداب المتعلمین" نام کا چھوٹا سا رسالہ ہے جو سالہا سال گزرنے کے بعد محصلین کا رہنما اور طالب علموں کے مقصد و طریقہ کار کو بتانے والا ہے۔
اگرچہ خواجہ کلام و ریاضی و فلسفہ کی دنیا میں غرق رہتے تھے اور آج بھی ان کی شناخت اپنے زمانے کے عظیم و بلند فکر دانش مندوں کی ہے اس کے باوجود وہ اپنی توجہ کو آداب تعلیم و تربیت سے باز نہ رکھ سکے۔

خواجہ نے اس رسالہ میں بہت باریک نکات اخلاقی کی طرف اشارہ کیا ہے جس کی پابندی طالب علم کو آداب تعلیم و تعلم سکھا دیتی ہے یہاں پر ہم خواجہ کے ارشادات سے استفادہ کرنے کے لئے کتاب سے چند اقتباس نقل کریں گے۔

فصل چہارم کتاب جو طالب علموں کی کوشش و محنت سے متعلق ہے۔

خواجہ یہاں فرماتے ہیں

بزرگوں نے کہا ہے کہ "من طلب شیاء وجد وجد و من قرع بابا ولج ولج"

یعنی جو کوئی شے تلاش کرتا ہے اور اس میں کوشش کرتا ہے تو وہ اسے پا جاتا ہے اور جو کوئی دروازہ کھٹکھٹاتا ہے اور جما رہتا ہے تو مراد کو پہنچ جاتا ہے۔

نویں فصل میں دوسروں سے استفادہ کے تعلق سے فرماتے ہیں

"کہا گیا ہے کہ "العلم مایوخذ من افواہ الرجال لانھم یحفظون احسن مایسمعون و یقولون احسن مایحفظون "

یعنی علم و دانش ایسی چیز ہے جو دانش مندوں کے دہن سے لی جاتی ہے کیونکہ جو کچھ وہ سنتے ہیں اس کا بہترین حصہ یاد کر لیتے ہیں اور اسے دوبارہ سناتے ہیں۔

اس فصل میں وہ عمر و وقت سے استفادہ کی نصیحت کرتے ہیں
کہا گیا ہے کہ "اللیل طویل فلا تقصرہ بمنامک والنصار مضیٰ لا تکدرہ باثامک"
یعنی رات طولانی ہے پس اسے سو کر مختصر نہ کر اور دن روشن ہے اسے اپنے گناہوں سے تیرہ تار نہ کر۔

اسی باب میں کسب علم کی راہ میں فروتنی وانکساری کے بارے میں فرماتے ہیں:
کہا گیا ہے کہ "العلم عزلا ذل فیہ ولا یدرک الا بذل لا عزفیہ"
یعنی علم ودانش عزت و سربلندی ہے اس میں ذلت وخواری کا گذر نہیں اور اس سے فروتنی کے سوا کچھ نہیں ملتا جس میں اکڑپن بالکل نہ ہو۔

خواجہ کا ادبی پایہ

نصیر الدین کی جامعیت ایسی ہے کہ ہر علم و فن میں ان کا نام نظر آتا ہے شاید خواجہ نصیر ان کم نظیر ترین انسانوں میں ہوں جنہوں نے علم کے متعدد شعبوں میں اپنے قلم کی جولانیاں دکھائی ہیں ادبیات و شعر گوئی نگارش میں بھی وہ ید طوبیٰ رکھتے تھے

کتاب "الاخلاق ناصری" فارسی نثر کی شاہکار تحریروں میں سے ہے خواجہ نصیر جیسی محکم و کم نظیر شخصیت نے قلم بند کیا ہے اور اپنی مہارت و قدرت قلمی دکھائی ہے۔

طوسی صرف فارسی نثر ہی میں استاد نہیں تھے بلکہ شعر میں بھی اپنی ایک نظر وروش رکھتے تھے یہاں تک کہ علم عروض (عروض ایک ادبی اصطلاح ہے جو کلام کا معیار و میزان ہے جیسے نثر میں علم نحو میزان ہے) میں معیار الاشعار نامی کتاب مرتب کی جو اب تک سند کے طور پر مستعمل ہے۔

اشعار خواجہ

کتاب کے اس حصہ میں ہم اس دانش مند کے بعض ایسے اشعار نقل کریں گے جو ان کے افاکر و اندیشہ کا پتہ دیتے ہیں۔

موجود بحق، واحد اول باشد
باقی ہمہ موہوم و مخیل باشد
ہر چیز جزاو کہ آید اندر نظرت
نقش دومین چشم احوال باشد

منم آنکہ خدمت تو کنم و نمی توانم
توی آنکہ چارہ من نکنی و می توانی
دل من نمی پذیرد بدل تو یار گیرد
تبو دیگر چہ ماند تو بدیگری چہ مانی

لذاب دنیوی ہمہ ہیچ است نزد من
در خاطر از تغیر آن ہیچ ترس نیست
روز تنعم و شب و طرب مرا
غیر از شب مطالعہ و روز درس نیست

نظام بی نظام ار کافرم خواند
چراغ کذب رانبود فروغی

مسلمانان خونمش زیر کہ نبود
مکافات دروغی جز دروغی

اقبال رابقا نبود دل بر او مبند
عمری کہ در غرور گزاری ہبا بود
ور نیست باور تز من این نکتہ گو شکن
اقبال راچو قلب کنی لا بقا بود

گفتم کہ دلم ز علم محروم نشد
کم ماند ز اسرار کہ مفہوم نشد
اکنون کہ بہ چشم عقل در می نگر
معلوم مم شد کہ ہیچ معلوم نشد
ہر چند ہمہ ہستی خود می دانیم
چون کار بہ ذات می رسد حیرانیم
بالجملہ بہ دوک پیرہ زن می مانیم
سر رشتہ بہ دست ما و سر گردانیم

بسی تیر و دی ماہ اردیبہشت
بیاید کہ ماخاک باشیم و خشت
بس می وزد مشک بو بارہا

کہ مارفتہ باشیم از یادہا

اندر رہ معرفت بسی تاختہ ام
واندر صف عارفان سر افراختہ ام
چون پردہ زروی عدل بر انداختہ ام
بشناختہ ام کہ ہیچ نشناختر ام

افسوس کہ آنچہ بردہ ام باختنی است
بشناختہ ہا تمام نشناختنی است
برداشتہ ام ہر آنچہ باید بگداشت
بگداشتہ ام ہر آنچہ برداشتنی است

خود اپنے سائے سے گھڑی، ساعت، وقت پہچاننے کے لئے ان کے یہ اشعار نقل کئے گئے ہیں:

چو خواہی بدانی تو ساعات روز
زمین مساوی طلب دل فروز
پس آنگہ ببین سایہ خویش را
قدم کن بدانی کم و بیش را
قدم چون شود بیست آنگہ چہار
بود ساعت اولین از نہار
شود سیزدہ چون قدم ای پسر

دو ساعت ازآن روز دانی دگر

ببین نہ قدم راسہ ساعت شناس

توشش رابیاچار دان بی قیاس

سیم گر بود ساعت پنجمن

ششم ظل ثانی زکل بر زمین

قدم چون سہ ماند بعد زوال

بود ساعت ہفتمین بی مثال

دگر شش قدم ہشت ساعت شمار

نہم ساعتش نہ قدم می شمر

دہم ساعتش دان دہ ودو قدم

دہ وچہار شد یازدہ بی الم

بساعت دہ ودو شود در غروب

خود عالم افروز دوراازعیوب

قرآن کریم کے قواعد سے متعلق یہ مشہور اشعار ان سے منسوب کئے گئے ہیں۔

تنوین ونون ساکنہ

حکمش بدان ای ہوشیار

کز حکم وی زینت بود

اندر کلام کرد گار

اظہار کن در حرف حلق

ادغام کن در یر ملون

مقلوب کن در حرف با

در مابقی اخفا بیار

خواجہ کے اشعار میں سے ایک قطعہ عمر خیام کے مشہور قطعہ سے مربوط ہے۔ خیام نے مسلک خبر پر کہا ہے۔

من می، خورم ہر کہ چون من اہل بود

می، خوردن من بہ نزداو سہل بود

می، خوردن من، حق زازل می دانست

گر می، نخور علم خدا جہل شود

اس کے جواب میں خواجہ نصیر نے فرمایا ہے۔

این نکتہ نگوید او اہل بود

زیرا کہ جواب شبہہ اش سہل بود

علم ازلی علت عصیان کردن

نزد عقلاء زغایت جہل بود

صرف فارسی ہی نہیں بلکہ خواجہ طوسی نے عربی زبان میں بھی اشعار کہے ہیں اسی میں مدح حضرت علی علیہ السلام کے یہ اشعار بھی ہیں۔

لو ان عبد ااتی بالصالحات عندا

وود کل نبی مرسل دولی

وصام ماصام صوام بلا ملل

و قام ما قام قوام بلا کسل

وطاف بالبیت طوف غیر منتعل

وطاری فی الجولا یادی الی حد

وخاص فی البحر ماموناً من البلل

واکسی الیتامی من الدیباج کلھم

واطعمھم من لذیذ البر والعسل

وعاش فی الناس الافا مولفہ

عار من الذنب معصوما من الزلل

ماکان فی الحشر یوم البعث منتفعا

الابحب امیر المومنین علی

یعنی اگر کوئی بندہ روز قیامت تمام اعمال صالحہ اور جملہ پیغمبروں و اماموں کی دوستی کے ساتھ آئے اس طرح کہ اس نے بغیر خستگی و بے دلی کے دن روزہ رکھا ہو۔ راتیں عبادت میں گزاری ہوں پا پیادہ (پیدل) متعدد حج کئے ہوں اور خانہ کعبہ کا طواف کر چکا ہو، آسمان کے بلندیوں پر بلا توقف پرواز کرتا ہو، دریا میں جائے اور بھیگے نہیں تمام بیتوں ریشمی لباس پہنائے اور انہیں گیہوں کی روٹی و شہد کھلائے۔ ہزاروں سال بغیر لغزش و گناہ کے لوگوں میں زندگی بسر کرے پھر بھی روز قیامت اسے کوئی فائدہ نہیں ملے گا مگر یہ کہ علی علیہ السلام کا دوست دار ہو۔

آثار خواجہ نصیر

خواجہ نصیر نے اپنے زمانے کے بیشتر علوم و فنون پر اپنی یادگار بیش قیمت تحریریں چھوڑیں ہیں جس میں سے چند اب تک عملی محفلوں اور دانش گاہوں میں کتاب درس کے طور پر پڑھائی جاتی ہے۔

خواجہ نے اپنی اہم اور بڑی کتابیں اسماعیلی قلعوں میں رہ کر لکھیں اور کچھ بعض ایسے اوقات میں جب کہ وہ سیاسی و اجتماعی امور میں مشغول تھے۔

جہاں تک خواجہ کی ریاضی، فلسفہ، علم الافلاک پر کتابوں کی گراں قیمتی کا سوال ہے اس لئے کہ یہ بتانا کافی ہے کہ ان کی بہت سی کتابوں کا انگریزی و فرانسیسی زبانوں میں ترجمہ ہو چکا ہے۔

"ابن شاکر" نے کتاب فوات الوفیات اور "صفدی" نے الوافی بالوفیات نے تقریباً چالیس تصانیف کا ذکر کیا ہے صاحب کتاب "احوال و آثار خواجہ" جنہوں نے تمام لکھنے والوں سے زیادہ مفصل اس موضوع پر بحث کی ہے وہ ۱۹۰ تصنیفات بتائی ہیں۔

ہم کتاب کی اس فصل میں ابتدا میں طوسی کی اہم تصانیف کا ذکر کریں گے اس کے بعد ان کی دیگر کتابوں کو گنائیں گے۔

تجرید العقائد۔ اس کتاب میں علم کلام کی بحث اور یہ نصیر الدین طوسی کی معروف ترین و بیش قیمت کتابوں میں سے ہے اس کے علمی مطالب کی بلندی و باریکی نے علماء و دانش مندوں کی توجہ کھینچ لی ہے اس کتاب کے مختلف حواشی و شرحیں لکھی گئی ہیں ان میں سے چند اہم کتب درج ذیل ہیں

"کشف المراد فی شرح تجرید الاعتقاد" نوشتہ علامہ حلی یہ تجرید خواجہ کی پہلی شرح ہے اور اس میں علمی گہرائی و سنگینی بہت ہے اس طرح کہ تجرید کے شارحین میں سے ایک ملا قوشجی فرماتے ہیں کہ اگر علامہ کی شرح نہ ہوتی تو ہم خواجہ کی تجرید کو سمجھ نہ پاتے۔

تسدید القواعد۔ از شمس الدین اصفہانی یہ شرح "شرح قدیم" کے نام سے مشہور ہے۔

شرح تجرید۔ از ملا علی قوشجی (یکے از بزرگ علمائے اہل سنت) علمائے کے درمیان اسے "شرح جدید" کہا جاتا ہے۔

"شوارق الالہام فی شرح تجرید الکلام "نوشتہ مولیٰ عبدالرزاق لاہیجی شاگرد ملا صدرای شیرازی۔

"شرح اشارات" کتاب کا متن بزرگ فلسفی بو علی سینا کا ہے اس کی شرح کئی علماء نے لکھی ہیں۔ خواجہ نصیر نے اس کی شرح تین جلدوں میں کی ہے اس فلسفہ، منطق و عرفان وغیرہ کا مضمون سمویا ہوا ہے خواجہ کی اس شرح پر علامہ حلی، قطب الدین رازی و عبدالرزاق لاہیجی و دوسروں نے تعلیقات لکھے ہیں۔ (متن و شرح دونوں عربی زبان میں ہے)

قواعد العقائد۔ اصول عقائد میں مختصر سی کتاب ہے اس کی بھی شرحیں لکھی گئی ہیں منجملہ ان کے علامہ حلی کی "کشف الفوائد" بھی ہے۔

اخلاق ناصری۔ یہ کتاب علم اخلاق میں ہے یہ ابو علی مسکویہ کی کتاب الطہارہ عربی کا فارسی میں ترجمہ ہے جسے خواجہ ناصر الدین محتشم قہستان کے لئے لکھ کر اس کا نام اخلاق ناصری رکھ دیا

اوصاف الاشراف۔ فارسی زبان میں سیر و سلوک و تصوف لکھی گئی۔

آغاز و انجام۔ یبداء و معاد (آغاز انجام) کے موضوع پر فارسی میں ہے۔

تحریر مجسطی۔ اصل کتاب "حکیم بطلیموس یونانی کی تحریر ہے دوسری صدی عیسوی میں تھا اس کتاب کا موضوع علم ہئیت ہے جسے خواجہ نے تحریر کیا ہے۔ (تحریر کا مطلب

ہے دوسروں کی کتاب کی تصحیح یا تلخیص ہوتا ہے۔)

تحریر اقلیدس۔ علم ہندسہ (جیومیٹری) میں ہے۔ طوسی نے اس کتاب میں اقلیدس کے برخلاف قضیہ فیثاغورث کے لئے سولہ مورد خاص ترتیب دئے ہیں۔

تجرید المنطق۔ علم منطق میں عربی رسالہ اس کی متعدد شرحیں لکھی گئی ہیں جس میں سبسے اہم شرح علامہ حلی بنام "جوہر النضید" ہے۔

اساس الاقتباس۔ یہ بھی علم منطق میں ہے۔ شفاء بو علی سینا کے بعد اس علم کی مہم ترین کتاب یہی ہے۔

زیج ایلخانی۔ ہم ہیئت میں فارسی زبان میں لکھی گئی یہ کتاب رصد خانہ مراغ کی تحقیقات کے حاصل کو اپنے دامن میں سمیٹے ہوئے ہے۔

طوسی کی کچھ اور کتابیں:

۱۲ آداب البحث فن تعلیم وتربیت

۱۳ آداب المتعلمین فن تعلیم وتربیت

۱۴۔ آغاز وانجام حیوان ونبات ومعاون ومتفرقات

۱۵۔ اثبات بقاء النفس

۱۶۔ اثبات الجواہر

۱۷۔ اثبات العقل

۱۸۔ اثبات العقل الفعال

۱۹۔ اثبات الفرقتہ الناجیہ

۲۰۔ اثبات اللوح المحفوظ

۲۱۔ اثبات الواجب تعالیٰ

۲۲۔ اختیارات المہمات

۲۳۔ اختیارات النجوم

۲۴۔ الاسطورانتہ

۲۵۔ استخراج التقویم

۲۶۔ الاشکال الکرویہ

۲۷۔ الاعتقادات

۲۸۔ اقسام الحکمتہ

۲۹۔ الامامتہ

۳۰۔ الانعکاسیہ

۳۱۔ ایام ولیالی

۳۲۔ البارع فی التقویم واحکام النجوم

۳۳۔ بقاء النفس بعد فناء الجسم

۳۴۔ بیست باب اسطرلاب

۳۵۔ تجرید الہندسہ

۳۶۔ تحریر اکرمالاناوس

۳۷۔ تحریر کتاب الکرۃ المتحرکتہ

۳۸۔ تحریر کتاب المساکن

۳۹۔ تحریر المطالع

۴۰۔ تذکرہ الہیتہ

۴۱۔ تربیع الدائرۃ

۴۲۔ ترجمہ صور الکواکب

۴۳۔ تسطیح الکر

۴۴۔ تعدیل المعیار

۴۵۔ التقویم العلایي

۴۶۔ تلخیص المحصل

۴۷۔ تنسوق نامہ ایلخانی

۴۸۔ تہافت الفلاسفہ

۴۹۔ جامع الحساب

۵۰۔ جام گیتی نما

۵۱۔ الجبر والاختیار

۶۲۔ خلافت نامہ

۵۳۔ خلق الاعمال

۵۴۔ رسالہ در عروض

۵۵۔ رسالہ در کرہ واسطر لاب

۵۶۔ رسالہ در کلیات طب

۵۷۔ الزبدہ

۵۸۔ شرح اصول کافی

۵۹۔ الطلوع والغروب

۶۰۔ ظاہرات الفلک

۶۱۔ علم المثلث

۶۲۔ الفرائض النصیریہ

۶۳۔ الماخوذات

۶۴۔ مساحتہ الاشکال

۶۵۔ المطالع

۶۶۔ المعطیات

۶۷۔ المفروضات

۶۸۔ نقد التنزیل

(۱۰) وفات خواجہ
فصل دہم

خواجہ کی وفات:۱۸/ ذی الحجہ ۶۷۳ھ کو بغداد کے آسمان کا رنگ دگر گوں تھا یا کوئی ایسا اتفاق واقع ہونے والا ہے۔ جس سے اس شہر کا سکون ختم ہو جائے گا اور لوگ سوگوار ہو جائیں گے۔

ایک ایسا مرد بستر بیماری پر پڑا ہوا تھا جس کی پر شکوہ زندگی سراسر حادثات سے بھرپور تھی جس نے سالہاسال شمشیر وسنان کا نظارہ کیا اور ایک شہر سے دوسرے شہر کی ہجرت واسیری کا تجربہ بھی تھا۔

وہ مرد جس کی حیات نے ایران کی سرزمین کو دوسری زندگی بخش دی جس کا قلم علم و دانش کے لئے دریچے کھولتا رہا۔ دوستوں اور اہل خاندان کے حلقے میں اس نے اپنے پیروں کو قبلہ کی سمت دراز کر دئے۔ اور ہاتھوں کی ان انگلیوں کو جسے اس نے ایک دن بھی آرام نہیں دیا تھا اور قلم کے ذریعہ ان کا سکھ چھین لیا تھا۔ آج نوید راحت و آسائش دے دی۔

وہ ایسا خستہ و چور تھا کہ تھکن اس کے سر و صورت سے برس رہی تھی۔ ہاں اس نے احساس کر لیا کہ ساحل استراحت نزدیک ہے شاید علماء و صالحین و بزرگوں میں سے کوئی بھی ایسی ناگوار زندگی و شورش زدہ قضاو پر حادثہ میں دور میں نہ جیا ہو گا۔

اس نے اپنی پوری زندگی وحشی، خونخواری، بے تمدن قوم میں گزاری جو معمولی

بہانہ بنا کر پیر و جوان و اطفال کا سر اڑا دیتے تھے ان کی آب شمشیر کے لئے عالم و غیر عالم یکساں تھے۔

طوسی کی تمام زندگی میں تلوار کا منحوس سایہ اس کے سر پر رہا اور اسی بربریت کے سایہ تلے اس نے اپنے مکتب کے عقائد و افکار نشر کئے اور اپنی یادگار بے شمار کتابیں چھوڑ گیا۔

اب وہی کتابیں اسی کی جگہ پر اس کے فرزندوں کے لئے تھیں جو ابدی خدا حافظی کے وقت اس نے ان کے حوالے کی تھیں۔ تاریخ کہتی ہے: ان کے اعزا میں سے کسی نے خواجہ کے قریب جا کر اطمینان کے ساتھ کہا کہ وصیت کیجئے کہ آپ کو مرنے کے بعد جوار قبر المومنین علیہ السلام میں دفن کیا جائے۔ خواجہ سراپا ادب تھے خواب میں بولے "مجھے شرم آتی ہے کہ مروں تو اس امام (موسیٰ کاظم) کے جوار میں لے جایا جاؤں اس کا آستانہ چھوڑ کر کہیں اور۔

اتنی گفتگو کے بعد پھر وہ خود میں گم ہو گئے اور سرگوشی کی سی کیفیت طاری ہو گئی حتی کہ دنیا سے آنکھ بند کر کے اہل علم و دانش کو اپنے غم و عزا میں بیٹھا دیا۔

بغداد سراسر غرق ماتم ہو گیا۔ اور دیکھتے ہی دیکھتے دس دانش مند بزرگ کی عارفانہ سرگوشی کے بعد خورشید عالم غروب ہو گیا۔ اور ہر آنکھ سے اشکوں کا سیلاب جاری ہو گیا۔

خواجہ کی وفات نے تمام بلاد اسلامی کے سر پر عزا کی شال اڑھا دی بالخصوص عالم اسلام کے شیعوں کا تو حال ہی ناگفتی تھا کیونکہ تشیع اور ایران نے حکومت میں نفوذ رکھنے والے اپنے زمانے کے بزرگ ترین انسان کو کھو دیا تھا۔

خواجہ کی تشیع جنازہ میں بچے جوان، بزرگ مرد عورت باچشم گریاں شریک تھے ان کی میت اپنے کاندھوں پر احترام کے ساتھ آستان مقدس امام موسیٰ کاظم کے روضہ تک

لے گئے۔ جس وقت ان کی قبر کھودنا چاہا تو وہاں پہلے سے تیار قبر کا سراغ ملا۔ اور عجیب بات یہ کہ خواجہ کی تاریخ ولادت اور اس قبر کی تیاری ایک تھی۔ کہا جاتا ہے کہ جس دن خواجہ نے طوس میں آنکھ کھولی اسی دن امام موسیٰ بن جعفر نے ان کے لئے اپنے پاس جگہ مہیا کر دی کیونکہ خواجہ بھی تمام عمر مغلوں کا اسیر و زندانی رہا اور کنج قید میں بھی ایک لحظ اپنے شیعی اعمال و مناجات میں کمی نہیں کی۔

طوسی کو امام کاظم علیہ السلام کے جوار میں سپرد خاک کیا گیا اور ان کی قبر پر آیت شریفہ "و کلبھم باسط ذراعیہ بالوصید" نقش کر دی انہوں نے بقائے الٰہی میں تعجیل کی اور اس جہاں خاکی کو ہمیشہ کے الوداع کہا۔

لیکن خواجہ کا نام ان کے رشعات فکر و قلم ہمیشہ ہمیشہ شیعوں کے گھروں میں باقی رہیں گے۔ اور جس طرح صدیاں گزر جانے کے بعد بھی ان کا نام علم و دانش کے میناروں سے چمکتا ہے اور اس کی یہ چمک بآواز بلند تشیع کے جاودانی شکوہ عظمت و کوشش، وانتھک محنت کی کہانی سناتی ہے۔ (ان کی وفات پر شاعر نے کہا ہے:

نصیر ملت ود، ین پادشاہ کشور فضل
یگانہ ای کہ چون اومادر زمانہ نزاد
بسال ششصد و ہفتاد و دو بذی الحجہ
بروز ہیجد ہم در گذشت در بغداد

(۱۱) کتاب نامہ

اس کتاب کی تدوین میں جن کتابوں سے مدد لی گئی ہے، ان کی فہرست درج ذیل ہے

۱۔ مقدمہ کتاب اساس الاقتباس خواجہ نصیر الدین بقلم مدرس رضوی

۲۔ مقدمہ کتاب منتخب الاخلاق ناصری خواجہ نصیر الدین بقلم جلال ہمایی۔

۳۔ شیوہ دانش پژوہی (ترجمہ آداب المتعلمین) خواجہ نصیر الدین طوسی، بقلم باقر غباری۔

۴۔ اعیان الشیعہ، ج ا، علامہ سید محسن امین

۵۔ کشف الظنون، ج ا، مولی مصطفی

۶۔ معجم البلدان، ج ۴، یاقوت الحموی

۷۔ شذرات الذہب جزء ۵، عبد الحی حنبلی

۸۔ الذریعہ، آقا بزرگ تہرانی

۹۔ فوات الوفیات، ابن شاکر

۱۰۔ الوافی بالوفیات، صفدی

۱۱۔ تاریخ حبیب السیر، ج ۳، خواند میر

۱۲۔ جامع التواریخ، ج ۲، خواجہ رشید الدین فضل اللہ

۱۳۔ جہانگشا، ج ۳، عطاملک جوینی

۱۴۔ ہفت اقلیم امین احمد رازی

۱۵۔ الکنی والالقاب، ج ۳، محدث قمی

۱۶۔ تمتہ المنتھی محدث قمی

۱۷۔ فوائد رضویہ محدث قمی

۱۸۔ تحفتہ الاحباب محدث قمی

۱۹۔ لولوی البحرین یوسف بن احمد بحرانی

۲۰۔ معجم رجال الحدیث، ج۱۷، آیت اللہ خوئی

۲۱۔ ریحانتہ الادب، ج۲، میرزا محمد علی مدرس

۲۲۔ روضات الجنات، ج۲، محمد باقر موسوی خوانساری

۲۳۔ مجالس المومنین، ج۲، قاضی نور اللہ شوشتری

۲۴۔ قصص العلماء، میرزا محمد تنکاینی

۲۵۔ فلاسفہ شیعہ، عبد اللہ نعمہ۔ ترجمہ جعفر غضبان

۲۶۔ مفاخر اسلام، ج۴، علی دوانی

۲۷۔ آشنایی با فلاسفہ ایرانی، ڈاکٹر علی اصغر حلبی

۲۸۔ دانش مندان نامی اسلام، سید محمود خیری

۲۹۔ با دانشمندان شیعہ و مکتب آنہا آشنا شویم، ج۳، سید جواد امیر اراکی

۳۰۔ احوال و آثار خواجہ نصیر الدین، محمد تقی مدرس رضوی

۳۱۔ سرگذشت و عقائد فلسفی خواجہ نصیر، محمد مدرسی زنجانی

۳۲۔ خواجہ نصیر الدین، مصطفی بادکوبہ ای ہزاوہ ای

۳۳۔ یادنامہ خواجہ نصیر، دانشگاہ تہران

۳۴۔ تاریخ مغول، عباس اقبال آشتیانی

۳۵۔ تاریخ اجتماعی ایرنا، ج۲، مرتضی راوندی

۳۶۔ تاریخ علم درایران، ج۲، امہدی فرشاد
۳۷۔ لغت نامہ، علی اکبر، ہنجدا
۳۸۔ چنگیزیان چہرہ خون ریز تاریخ، محمد احمد پناہی
۳۹۔ حسن صباح چہرہ شگفت انگیز تاریخ، محمد احمد پناہی
۴۰۔ فلسفہ اخلاق، شہید مطہری
۴۱۔ امامت ور ہبری، شہید مطہری
۴۲۔ مجلہ مقالات وبررسی ہا دفتر ۲۸، نشریہ دانشکدہ الہیات و معارف تہران، مقالہ ڈاکٹر دانش تقی پژوہ
۴۳۔ مجلہ کیہان فرہنگی، سال ۶۵ ش ۵، مقالہ ڈاکٹر عبد الہادی حائری

***

بچوں کے لیے ایک دلچسپ سوانحی کہانی

سردار جعفری

مصنفہ : رفیعہ شبنم عابدی

بین الاقوامی ایڈیشن منظر عام پر آچکا ہے